2010
中国旅游财务信息年鉴

THE YEARBOOK OF CHINA TOURISM FINANCIAL

中华人民共和国国家旅游局

NATIONAL TOURISM ADMINISTRATION
OF THE PEOPLE'S REPUBLIC OF CHINA

中国旅游财务信息年鉴编辑委员会

前　　言

《2010 中国旅游财务信息年鉴》是一本在 2010 年编辑的、反映 2009 年度中国旅游业财务信息状况的资料性年刊。汇总范围是纳入统计范围的旅行社、旅游饭店、旅游景区和旅游集团等旅游企业。本年鉴主要对旅游企业 2009 年度财务效益、资产营运、偿债能力和发展能力等主要财务指标，人均增加值、人均财政贡献等补充指标进行分析评价。年鉴的出版主要是为旅游企业财务分析提供翔实的数据，同时在完善旅游产业的表征体系，全面提升旅游产业素质，推进旅游业管理深化，引导旅游企业健康发展等方面也将起到积极的作用。

2009 年是我国旅游业经受严峻考验和挑战的一年。面对一系列自然灾害、突发事件接踵而至的不利影响，面对国际金融危机、甲型 H1N1 流感疫情持续蔓延的巨大冲击，面对国内消费信心不足、国际需求急速下滑的复杂局面，面对旅游企业经营困难加剧、旅游经济运行压力加大的严峻形势，在党中央、国务院高度重视和坚强领导下，全国旅游行业一手抓应对金融危机，保持发展势头毫不松懈；

一手抓谋划长远发展，坚持改革创新毫不动摇。中国旅游业总体上保持了平稳较快增长，旅游发展环境明显优化，旅游产业素质稳步提升，旅游业活力和影响力不断增强。

我国旅游业正处在快速发展的黄金期和转型升级的关键期，2009年12月，国务院印发了《国务院关于加快发展旅游业的意见》，提出要把旅游业培育成国民经济的战略性支柱产业和人民群众更加满意的现代服务业，发挥旅游业在保增长、扩内需、调结构中的积极作用，同时也对我国旅游业发展提出了新的要求和更重的任务。《2010中国旅游财务信息年鉴》的出版，希望能为企业适应经济环境、转变经营策略、改善财务状况、化危机为机遇提供必要的帮助。另外，今年我们邀请了来自首旅、中旅、华侨城等大型旅游集团的相关企业财务专家，借助他们多年的企业管理实战经验，结合宏观经济背景及行业特点，编写了饭店、旅行社和景区财务分析专题报告，希望这些充满智慧结晶和实践总结的报告，能帮助大家更全面、更深刻地认识和理解旅游行业财务状况。由于统计体系还不健全，现有企业数据还不能完全反映旅游业的情况，加之其他原因，《2010中国旅游财务信息年鉴》的编辑还存在需要不断完善和改进之处，欢迎广大读者批评指正。本年鉴仅供财务研究分析参阅。

《中国旅游财务信息年鉴》编辑委员会

二〇一〇年十月

目　录

总 论 篇

2009 年度中国旅游业财务信息总论

反映 2009 年度全国旅游企业财务状况、经营成果的旅游行业经济效益评价结果公布如下：

一、基本概况

2009 年度旅游信息汇编工作启用新的财务信息管理系统，将所注册的企业全部纳入信息采集范围。全国旅游行业财务信息上报成功的旅游企业共有 24564 家，其中旅行社 14086 家，占 57.30%；旅游饭店 7718 家，占 31.42%；旅游集团 72 家，占 0.39%；旅游景区 2234 家，占 9.09%；其他旅游企业 452 家，占 1.80%，见图 1（注：以下所称企业均指纳入信息汇编范围的企业）。

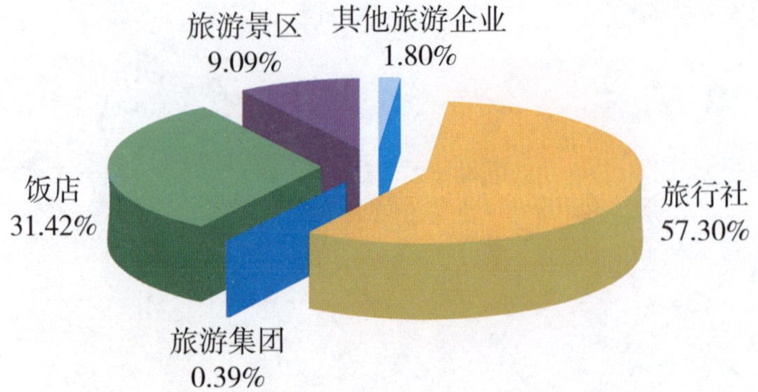

图 1

——按经济类型划分，国有及国有控股企业 5496 家，占 22.37%；集体企业 1803 家，占 7.34%；联营企业 487 家，占 1.98%；私营企业 16198 家，占 65.95%；外商及港澳台投资企业 580 家，占 2.36%，见图 2。

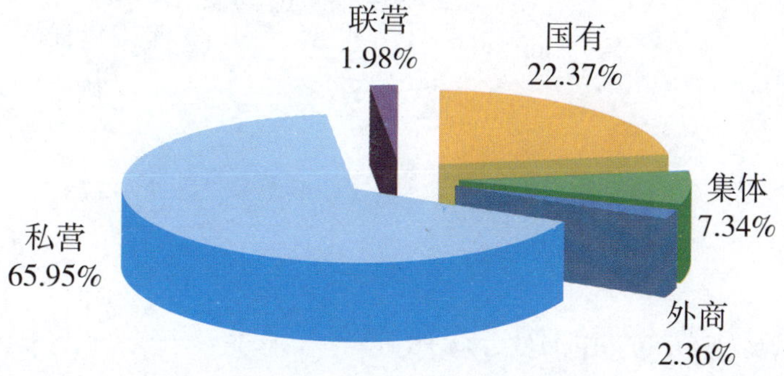

图 2

——按组织形式划分，有限责任公司 18543 家，占 75.49%；独资公司 2819 家，占 11.48%；非公有制独资公司 432 家，占 1.76%；股份有限公司 391 家（其中上市股份有限公司 68 家），占 1.59%；股份合作制企业 631 家，占 2.57%；合资或合营企业 409 家，占 1.67%；合伙企业 401 家，占 1.63%；事业单位 938 家（多为旅游饭店和旅游景区），占 3.82%，见图 3。

——按企业类型划分，旅行社中经营出境游业务旅行社 1507 家，占 6.13%，经营非出境游旅行社 12579 家，占 51.21%；旅游饭店中五星级旅游饭店 414 家，占 1.60%，四星级旅游饭店 1470 家，占 5.98%，三星级旅游饭店 3346 家，占 13.62%，二星级旅游饭店 1852 家，占

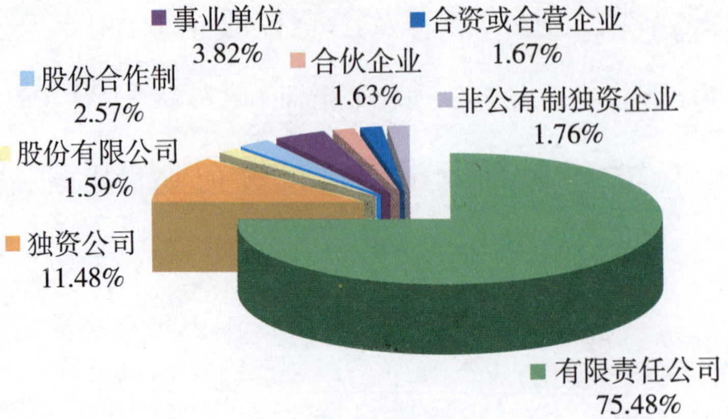

图 3

7.54%，一星级旅游饭店 101 家，0.41%，未评星级旅游饭店 537 家，占 2.19%；旅游景区中自然类景区 1385 家，占 5.64%，文物类景区 518 家，占 2.11%，主题类景区 333 家，占 1.36%。旅游集团 72 家，占 0.29%；其他旅游企业 452 家，占 1.84%。

二、主要经济效益情况

（一）财务效益状况主要指标

1. 净资产收益率

指企业一定时期内的净利润同平均净资产的比率，充分体现了投资者投入企业的自有资本获取净收益的能力，突出反映了投资与报酬的关系，是评价企业资本经营效益的核心指标。2009 年度全国旅游企业净资产收益率为 0.96%，其中：

——旅行社净资产收益率为 8.79%，经营出境游旅行社为 11.93%，经营非出境游旅行社为 2.75%。其中北京、上海、江苏、广东、广西等省区市旅行社平均资产收益率高于全国平均水平。

——旅游饭店净资产收益率为 -2.04%，其中五星级旅游饭店为 0.40%，二星级旅游饭店为 8.72%，其余星级旅游饭店均为负数。山西、浙江、海南、重庆、四川等省区市旅游饭店净资产收益率较高。

——旅游集团净资产收益率为 4.99%，北京、江苏、浙江、安徽、江西等省区市净资产收益率高于全国平均水平。

——旅游景区净资产收益率为 0.70%。其中自然类旅游景区为 -1.60%；文物类旅游景区为 2.85%；主题类旅游景区为 4.47%。北京、天津、河北、辽宁、广西、上海、海南、宁夏等省区市旅游景区净资产收益率高于 5%。

——其他旅游企业净资产收益率为 0.28%。北京、天津、吉林、上海、浙江、湖北、湖南等省区市其他旅游企业净资产收益率较高。

2. 总资产报酬率

指企业一定时期内获得的报酬总额与平均资产总额的比率，其中报酬总额由利润总额和利息支出两部分组成。总资产报酬率表示企业包括净资产和负债在内的全部资产的总体获利能力，是评价企业资产运营效益的重要指标。2009 年度全国旅游企业总资产报酬率为 0.35%。其中：

——旅行社总资产报酬率为 3.59%。其中，经营出境游旅行社为 4.44%，经营非出境游旅行社为 1.37%，北京、山西、黑龙江、上海、安徽、湖南、广西、青海等省区市高于全国平均水平。

——旅游饭店总资产报酬率为-0.53%。其中，五星级旅游饭店为0.44%，高于其他类型旅游饭店，四星级旅游饭店为-0.86%，三星级旅游饭店为-1.53%，二星级旅游饭店为1.44%，一星级旅游饭店为-0.03%，未评星级旅游饭店为-1.4%。北京、山西、浙江、海南、重庆等省区市高于全国平均水平。

——旅游集团总资产报酬率为2.03%，北京、浙江、江西、青海和安徽等省区市高于全国平均值。

——旅游景区总资产报酬率为0.29%，其中，自然类旅游景区为-0.76%，文物类旅游景区为0.92%，主题类旅游景区为1.61%。北京、天津、河北、辽宁、吉林、上海、广西、海南等省区市旅游景区总资产报酬率较高。

——其他旅游企业总资产报酬率为0.10%。

3. 主营业务利润率

指企业一定时期主营业务利润同主营业务收入净额的比率。它表明企业每单位销售（营业）收入能带来多少销售（营业）利润，反映了企业主营业务的获利能力，是评价企业经营效益的主要指标。2009年度全国旅游企业主营业务利润率为0.91%，其中：

——旅行社主营业务利润率为1.37%，其中，经营出境游旅行社为1.86%，经营非出境游旅行社为0.38%，全国有北京、山西、上海、黑龙江、青海等5个省市高于全国平均值。

——旅游饭店主营业务利润率为-1.31%，其中，五星级旅游饭店为 1.82%，四星级旅游饭店为 -2.11%，三星级旅游饭店为 -3.87%，二星级旅游饭店为 2.83%，一星级旅游饭店为 -0.14%，未评星饭店为 -3.68%。北京、山西、浙江、福建、重庆、四川、贵州、海南等 8 个省区市高于全国平均值。

——旅游集团主营业务利润率为 8.13%，北京、浙江、安徽、江西、湖北、广西、云南、青海等 8 个省区市高于全国平均值。

——旅游景区主营业务利润率为 1.45%，自然类旅游景区为 -4.75%，文物类旅游景区为 9.11%，主题类旅游景区为 8.40%。北京、河北、辽宁、上海、江苏等 19 个省区市高于全国平均值。

——其他旅游企业主营业务利润率为 0.40%。

4. 成本费用利润率

指企业一定时期的营业利润同企业成本费用总额的比率，表示企业为取得利润而付出的代价，从企业支出方面补充评价企业的收益能力。2009 年度全国旅游企业成本费用利润率为 0.91%，其中：

——旅行社成本费用利润率为 1.39%，其中，经营出境游旅行社为 1.88%，高于经营非出境游旅行社为 0.38%，北京、山西、黑龙江、上海、青海等 5 个省区市高于全国平均值。

——旅游饭店成本费用利润率为 -1.28%，除五星级旅游饭店为 1.82%、二星级旅游饭店为 2.9% 外，其余等级旅游饭店保持较低水平，北京、山西、浙江、福建、海南、重庆、四川、贵州等 8 个省区市旅游饭店成本费用利润率大于零。

——旅游集团成本费用利润率为8.46%，北京、吉林、浙江、安徽、湖北、江西、云南等省区市高于全国平均值。

——旅游景区成本费用利润率为1.44%，其中自然类旅游景区为-4.52%，文物类旅游景区为9.19%，主题类旅游景区为8.79%，全国有21个省市旅游景区成本费用利润率大于零。

——其他旅游企业成本费用利润率为0.39%。

以前年度是采取样本企业汇总数据进行分析，2009年度则是对全部企业进行汇总分析，所以各类旅游企业经营情况呈现多样化发展趋势，旅游企业的各项财务效益指标均呈现不同程度的降低水平。在相关企业中，旅游饭店和旅游景区的赢利能力强于旅行社、旅游集团和其他旅游企业，高星级旅游饭店和主题类旅游景区赢利能力和资产增长率大大高于其他类型旅游企业。

（二）资产营运状况主要指标

1. 总资产周转率

指企业一定时期主营业务收入净额同平均资产总额的比值，是综合评价企业全部资产经营质量和利用效率的重要指标。2009年度全国旅游企业总资产周转率为0.52次，其中：

——旅行社总资产周转率为3.10次，经营非出境游旅行社总资产周转率为3.75次，高于经营出境游旅行社的2.88次。

——旅游饭店总资产周转率为0.36次，低星级旅游饭店总资产周转率高于高星级旅游饭店。

——旅游集团总资产周转率为0.27次。

——旅游景区总资产周转率为0.21次，主题类旅游景区总资产周转率高于自然类和文物类旅游景区。

——其他旅游企业总资产周转率为0.38次。

2. 流动资产周转率

指企业一定时期主营业务收入净额同平均流动资产总额的比值。流动资产周转率是评价企业资产利用效率的另一主要指标。2009年度全国旅游企业流动资产周转率为1.67次，其中：

——旅行社流动资产周转率为4.57次，其中经营非出境游旅行社为4.84次，经营出境游旅行社为4.49次。旅行社周转率较高，主要是因为旅行社类型的企业平均流动资产总额较小。

——旅游饭店流动资产周转率为1.29次，低星级旅游饭店流动资产周转率高于高星级旅游饭店。

——旅游集团流动资产周转率为0.76次。

——旅游景区流动资产周转率为0.75次，主题类旅游景区流动资产周转率高于自然类和文物类旅游景区。

——其他旅游企业流动资产周转率为1.28次。

3. 存货周转率

指企业一定时期销售成本与平均存货的比率，是对流动资产周转率的补充说明。2009年度全国旅游企业平均存货周转率为16.32次。

4. 应收账款周转率

指企业一定时期内销售（营业）收入净额同平均应收账款余额的

比率,是对流动资产周转率的补充说明。2009 年度全国旅游企业应收账款周转率为 17. 19 次。其中:

——旅行社应收账款周转率为 23. 39 次。

——旅游饭店应收账款周转率为 14. 45 次。

——旅游集团应收账款周转率为 21. 07 次。

——旅游景区应收账款周转率为 6. 95 次,自然类旅游景区高于主题类和文物类旅游景区。

——其他旅游企业应收账款周转率为 10. 09 次。

(三)偿债能力状况主要指标

1. 资产负债率

指企业一定时期负债总额同资产总额的比率,是评价企业负债水平的综合指标。2009 年度全国旅游企业资产负债率为 63. 99%,其中:

——旅行社资产负债率为 59. 09%,经营出境游旅行社为 62. 64%,经营非出境游旅行社为 49. 83%。

——旅游饭店资产负债率为 67. 61%,低星级旅游饭店资产负债率略低于高星级旅游饭店。

——旅游集团资产负债率为 60. 15%。

——旅游景区资产负债率为 58. 65%,文物类旅游景区高于自然类和主题类旅游景区。

——其他旅游企业资产负债率为 64. 56%。

2. 流动比率

指企业一定时期流动资产同流动负债的比率,用以衡量企业短期债务偿还能力，评价企业偿债能力强弱。2009年度全国旅游企业流动比率为72.07%，其中：

——旅行社流动比率为129.72%，经营非出境游旅行社流动比率高于经营出境游旅行社。

——旅游饭店流动比率为61.96%，五星级饭店流动比率高于其他星级饭店流动比率。

——旅游集团流动比率为110.47%。

——旅游景区流动比率为67.46%，自然类旅游景区流动比率高于文物类和主题类旅游景区。

——其他旅游企业流动比率为68.25%。

3. 速动比率

指企业一定时期的速动资产同流动负债的比率，用以衡量企业的短期偿债能力，评价企业流动资产变现能力的强弱。2009年度全国旅游企业速动比率为65.17%，其中：

——旅行社速动比率为122.72%，经营非出境游旅行社速动比率高于经营出境游旅行社。

——旅游饭店速动比率为56.5%，低星级旅游饭店速动比率高于高星级旅游饭店。

——旅游集团速动比率为99.94%。

——旅游景区速动比率为58.17%，自然类旅游景区高于文物类和主题类旅游景区。

——其他旅游企业速动比率为58.25%。

4. 长期资产适合率

指企业所有者权益与长期负债之和同固定资产与长期投资之和的比率，从企业资源配置结构方面反映了企业财务结构的稳定程度及财务风险大小。2009年度全国旅游企业长期资产适合率为115.66%，其中：

——旅行社长期资产适合率为187.4%，其中，经营出境游旅行社为159.73%，经营非出境游旅行社为290.32%。

——旅游饭店长期资产适合率为98.37%。五星级饭店长期资产适合率高于其他类型的星级饭店。

——旅游集团长期资产适合率为147.93%。

——旅游景区长期资产适合率为136.53%。

——其他旅游企业长期资产适合率为122.99%。

（四）发展能力状况主要指标

1. 销售增长率

指企业本年主营业务收入增长额同上年主营业务收入总额的比率，是评价企业成长状况和发展能力的重要指标。

2009年度，全国旅游企业销售增长率为6.43%，其中：

——旅行社销售增长率为9.38%，其中经营出境游旅行社为6.40%，经营非出境游旅行社为16.04%。

——旅游饭店销售增长率为-0.78%。

——旅游集团销售增长率为11.10%。

——旅游景区销售增长率为16.27%，自然类旅游景区高于文物类和主题类景区

——其他旅游企业销售增长率为9.88%。

2. 资本积累率

指企业本年所有者权益增长额同年初所有者权益的比率，表示企业当年资本的积累能力，是评价企业发展潜力的重要指标。2009年度全国旅游企业资本积累率为7.59%，其中：

——旅行社资本积累率为14.15%，经营出境游旅行社为13.56%，经营非出境游旅行社为15.69%。

——旅游饭店资本积累率为1.82%。

——旅游集团资本积累率为3.48%。

——旅游景区资本积累率为18.44%，自然类旅游景区高于文物类和主题类景区。

——其他旅游企业资本积累率为5.52%。

3. 总资产增长率

指企业本年总资产增加额同年初资产总额的比率，用以衡量企业本期资产规模的增长情况，评价企业经营规模总量上的扩张程度。2009年度全国旅游企业总资产增长率为10.54%，其中：

——旅行社总资产增长率为13.47%，经营出境游旅行社为12.83%，低于经营非出境游旅行社。

——旅游饭店总资产增长率为5.82%,未评星级饭店总资产增长率高于其他星级旅游饭店。

——旅游集团总资产增长率为8.39%。

——旅游景区总资产增长率为22.69%,三类景区平局总资产增长率相差不大。

——其他旅游企业总资产增长率为10.33%。

从以上各发展能力状况指标可以看出旅游景区发展能力强于其他旅游企业。主要是旅游景区从政府加大基础设施投入中占得先机,旅游景区作为旅游者的旅游目的地,吸引力毋庸置疑,再加上旅游景区市场竞争压力较小,所以其发展能力强于其他旅游企业。

旅行社、旅游集团保持稳定的增长趋势,其中经营非出境游旅行社增长速度较快,这也进一步体现了国家大力发展国内旅游市场的决心和效果。

星级旅游饭店受国际金融危机和甲型H1NI流感肆虐影响并未消除,特别是过分依靠国际市场的高星级饭店受冲击最大。高星级、高品质饭店扎堆涌现,也加剧了旅游饭店市场的竞争,如何在不利的大环境下、在激烈的市场竞争中脱颖而出,值得旅游饭店经营者考虑。未评星级饭店各项指标优于三星级以下饭店,主要原因是其中包含了大量竞争能力更强、逐渐成为工薪阶级旅游者首选的经济型饭店,这也进一步敦促旅游饭店管理者要对经济型饭店的发展进行引导和推动。

（五）分项补充指标

1. 人均增加值（全员劳动生产率）

指旅游企业在一定时间内向游客提供旅游服务过程中所创造的增加价值，反映了企业创造社会价值的能力。按统计口径，增加值是企业固定资产折旧、劳动者报酬、生产税净额、营业盈余之和。2009 年度全国旅游企业人均增加值为 46683 元。其中，旅行社人均增加值为 29452 元，旅游饭店人均增加值为 46035 元，旅游景区人均增加值为 56199 元，旅游集团人均增加值为 82218 元，其他旅游企业人均增加值 50761 元。

2. 人均财政贡献

旅游行业财政贡献是旅游企业在一定时期内向游客提供旅游服务过程中所创造的财政贡献，反映了企业向国家纳税的能力。按统计口径，财政贡献是企业各项税费之和。2009 年度全国旅游企业人均财政贡献 8540 元。其中，旅行社人均财政贡献为 4483 元，旅游饭店人均财政贡献为 8699 元，旅游景区人均财政贡献为 9746 元，旅游集团人均财政贡献为 13862 元，其他旅游企业人均财政贡献为 10511 元。

3. 旅行社补充指标

2009 年全国旅行社入境旅游收入比率为 12.68%，国内旅游收入比率为 64.59%，出境旅游收入比率为 22.73%，旅行社自联入境旅游收入比率为 5.37%。旅行社国内旅游收入毛利率为 8.2%，其中经营出境游旅行社的国内旅游收入毛利率为 4.08%，经营非出境游旅行社的国内旅游收入毛利率为10.88%，旅行社出境旅游收入毛利率为8.9%。

4. 旅游饭店补充指标

2009年全国旅游饭店平均客房出租率为52.93%。旅游饭店平均房价287.37元，旅游饭店房费收入比率为40.85%，餐饮收入比率为42.54%，商品收入比率为6.32%，娱乐收入比率为1.73%，旅游饭店餐饮收入毛利率为47.06%，商品收入毛利率为19.03%，娱乐收入毛利率为67.20%。高星级饭店分项的毛利率均高于低星级饭店。

5. 旅游景区补充指标

2009年全国旅游景区门票收入比率为62.51%，餐饮收入比率为9.47%，商品收入比率为5.51%，娱乐收入比率为2.65%，其他旅游收入比率为19.93%。旅游景区餐饮收入毛利率为49.02%，商品收入毛利率为37.38%，娱乐收入毛利率为15.30%。旅游景区平均门票价格为25.43元，按类型分自然类景区平均门票价格为24.79元，文物类景区平均门票价格为8.17元，主题类景区平均门票价格为25.89元。

（六）综合考核情况

旅游业2009年度发展相对比较平稳，但企业收入来源结构发生较大变化，企业经营多样化、多元化趋势进一步凸显。旅行社经营结构有所调整，国内旅游比例逐年上升，企业经济效益良好。旅游饭店中高星级饭店资产比例有所上升，低星级饭店加剧分化，适应市场发展的经济型饭店在获利能力和发展能力上增长很快。旅游景区稳步推进,整体经营情况良好,门票价格逐步下降,餐饮娱乐逐年上涨。各类旅游景区的总资产报酬率均为正数,赢利能力较强,资产结构良好;主题旅游景区贴近市场需求,长期赢利能力较强。但由于整个旅游市场影响,旅游饭店、旅游景区及旅游集团的人均增加值和人均财政贡献均比上年有所降低。

2009 年年底国务院发布《加快发展旅游业的意见》(国发〔2009〕41 号)文件,提出的"把旅游业培育成国民经济的战略性支柱产业和人民群众更加满意的现代服务业"为旅游产业的加速发展提供了良机。如何抓住时机,实现旅游业长足发展就成为我们旅游从业人员需要深入研究和思考的重大问题。怎样发挥旅游业"资源消耗低,带动系数大,就业机会多,综合效益好"的诸多优点,如何抓住国家扩大内需政策、适度宽松的货币政策给旅游业带来的重大机遇,积极有效地引导各类资金流向旅游业,增加和改善旅游消费供给,通过旅游产业培育消费新的增长点,也将成为旅游业快速扩张、转型升级的关键。深化旅游业改革开放,鼓励社会资本、境外资本参与旅游业发展,投资旅游产业。而各旅游企业更应该把握经济形势,洞悉宏观经济政策,充分利用旅游产业关联度高、综合性强的特点,开展诚信经营、绿色经营,提升自身品牌,提高旅游形象,打造一批品质硬、品牌响、品位高的旅游企业,通过旅行社的贴心服务、旅游饭店的舒适居住、旅游景区的赏心悦目,让人民群众真正在旅游中体会乐趣。

国家对旅游业的高度重视和大力扶持，必将带来旅游业新一轮的快速发展，各类资金将大量流入旅游行业，旅游产业繁荣发展的背后，也对我们旅游主管部门和旅游企业管理者对资金的流向和使用提出了更高的要求，如何使资金发挥更大的经济效益和社会效益，需要我们，特别是财务管理者认真思考，这也正是我们汇总分析旅游行业财务信息的初衷。

为此，今年我们特意邀请了旅行社、旅游饭店、旅游景区等业内旅游财务专家，对财务数据进行剖析，为旅游行业把脉。希望通过专家独到的眼光和丰富的经验，真正挖掘旅游行业财务信息数据的内在价值。

旅行社篇

2009 年度中国旅游行业财务信息分析报告

——旅行社篇

2009 年纳入全国旅游行业财务信息汇编的旅行社共计 14086 家，其中经营出境游旅行社 1507 家，经营非出境游旅行社 12579 家。

一、业务量的说明

2009 年纳入汇编的旅行社共接待国内外游客人数为 1.734 亿人次，较上年同期增长了 19.4%；其中入境接待 2063.98 万人次，占总数的 11.9%，同比增加 66.5 万人次，增长 3.3%；接待国内游 1.43 亿人次，占总数的 82.6%，同比增加 2564.58 万人次，增长 21.79%；组织出境旅游者 945.9 万人次，占总数的 5.5%，同比增加 183.3 人次，增长 24.1%。从接待人次看，国内游占主体，国际游只占 17.4%。从业务量数据来看，国内游占据主导地位，并未受到金融危机的影响，而且还保持较高的增长速度。

二、经营情况说明

（一）营业收入

2009 年纳入汇编的 14086 家旅行社共实现营业收入 1341 亿元，同比增加 117 亿元，增长 9.5%；其中：

1. 入境游收入170亿元，同比下降11亿元，下降6.1%，占营业收入总额的12.68%，较上年下降了2.08个百分点，主要是受世界性金融危机和甲型H1N1流感肆虐的影响。

旅行社入境游排在前几位的是北京、上海、广东、黑龙江、浙江、云南，这些省区市入境收入占全国入境游收入68%；排名后几位的有西藏、宁夏、青海、河北，这些省区市旅行社入境游收入只占全国的0.7%。

2. 出境游收入为304.8亿元，同比增加5.1亿元，增长1.7%，占收入总额的22.73%，较上年下降1.72个百分点；由于签证手续简化、签证周期缩短，人民币升值，出境游费用下降、航空公司机票打折，刺激了人们的出境旅游消费意愿；另一方面，国际金融危机的爆发致使居民财富缩水，消费信心和投资信心受到打击，以及甲型H1N1流感的影响和泰国的动荡局势，对人们的出境旅游消费意愿和支出水平也产生一定的负面效应。

旅行社出境游区域集中度居高不下，两极分化趋势日趋明显。出境游业务收入占总收入比重较高的有：北京41.7%、广东41.2%、天津24.9%、上海24.7%、辽宁23.7%，这些地方居民收入较高，出境游基础较好；出境游业务收入占总收入比重较低的有：西藏0.59%、海南1.96%、安徽4.02%、青海4.11%、甘肃4.87%，我国地区经济发展水平差异明显。东部沿海地区率先进入小康，出境游消费发展快一些。北京、上海和广东这三大经济中心也正是我国公民出境旅游的三大客源地中心。这些地方凭借地缘及政策优势，发展了一批大型出境旅游批发商，占据了十分突出的市场份额。中西部地区因为受地理、历史等条件制约，发展相对滞后，旅游消费发展也相对缓慢。

3. 国内游业务收入为866.2亿元，同比增加123.2亿元，增长16.6%，占营业收入总额的64.59%，较上年上升了4个百分点。国内游收入增幅较大，占收入份额也在提高，主要是2009年为了应对金融危机引发的经济衰退，中央和地方政府把国内旅游的发展作为刺激内需的一个重要领域，制定了一系列的政策和措施，包括发放旅游消费券、减少或免除景区门票等，刺激了国内旅游的发展。

旅行社国内游排在前几位的有山东、上海、北京、广东、浙江、江苏，这些省市国内游收入占全国国内游收入的66.3%。排名后几位的有西藏、新疆、青海、宁夏、甘肃，这些省区市旅行社国内游收入只占全国的1.6%；西部地区居民收入较低，单靠当地客源难以做旺旅游市场，加上东部地区刺激旅游消费措施见效，加剧了对西部地区的客源竞争。从国内旅游收入分析可以看出，除北京、广东、上海外，各省旅行社总收入在全国旅游市场的地位，基本上取决于国内旅游收入。山东省旅行社国内游收入达166亿元，排在全国第1位，尽管山东入境游和出境游在全国排名并不靠前，却依赖国内游的发展跃上第四位。

从地区来看，旅行社营业收入在百亿元以上的有北京、广东、上海、山东、浙江，这些省区市的收入占旅行社总收入的73.8%；营业收入在后排五位的有西藏、新疆、青海、宁夏、甘肃，这些省区市旅行社实现收入占全国不到1%；旅行社企业地区间差别较大，各地旅行社收入的多寡实际反映旅游总收入的多寡，西部地区旅行社力量薄弱。

（二）毛利和毛利率

2009年纳入汇编的旅行社企业实现毛利117.8亿元，同比增加17.2亿元，增长17.1%；其中入境游业务毛利额为7.6亿元，同比增加0.4亿，增长5.5%，占总毛利6.5%；出境游业务毛利额27亿元，占总毛利额的22.5%，同比增加5亿元，增长22.7%；国内游业务实现毛利额71.1亿元，占总毛利60.4%，同比增加9.5亿元，增长15.4%。

2009年纳入汇编的14086家旅行社企业毛利率为8.78%，同比上涨了0.6个百分点，其中入境游业务毛利率为11.6%，较上年的9.5%增加了0.21个百分点，北京、上海、广东入境游业务毛利率都比上年同期有较大幅度的提高；出境游业务毛利率为8.9%，同比增加了0.16个百分点，主要是占全国出境游收入三分之一的北京出境游受美国游和我国台湾游的影响毛利率上升；国内游业务毛利率为8.2%，与上年基本持平。

（三）费用

2009年纳入汇编的旅行社年费用总额为95.84亿元，比上年增加9.03亿元，增长10.4%，略高于营业收入增长幅度。旅行社费用毛利率为81.4%，相对于赢利能力来说费用较高，因此旅行社企业仍然要严格控制费用，费用节约是业绩增长的保证。只有“精细化管理”，严格费用开支，旅行社企业才能够成长为旅游业界巨擘。

（四）利润

2009年纳入汇编范围的旅行社实现利润总额20亿元，较上年同期增加10.94亿元,增幅为120.5%,利润大幅度增加一方面是业务的提升和毛利率的提高,另一方面是投资收益的增长。

三、资金情况分析

2009年纳入汇编的旅行社企业资产总额为459.5亿元,较上年同期增加55亿元,增长13.6%,流动资产为315.9亿元,占总资产的68.8%,同比增长17.1%,非流动资产143.6亿元,占总资产的31.2%,同比增长6.4%。旅行社企业一般固定资产和存货较少,而流动资产主要为货币资金和往来款项。2009年全国旅行社年末货币资金为123.47亿元,占流动资产比例为39%,较上年同期增长27.5%,高于营业额的增幅,说明旅行社总体来说资金短缺现状有所好转。往来款项中应收账款和其他应收款及预付账款余额为168.5亿元,占流动资产总额的53.3%,较上年的58.3%下降了5个百分点,同比增加11.3亿元,增长7.2%,低于营业收入的增长幅度,说明结算质量有所改善。

四、财务状况主要指标

(一)偿债能力状况

(1)资产负债率

指企业一定时期负债总额同资产总额的比率,表示企业总资产中有多少是通过负债筹集的,该指标是评价企业负债水平的综合指标。

——旅行社平均资产负债率为59.09%,较上年下降了6个百分点,说明资产结构有所改善。经营出境游旅行社资产负债率为

62.64%，比上年下降3个百分点；经营非出境游旅行社资产负债率49.83%，较上年的59.53%下降了9.7个百分点，资产结构明显改善。

（2）流动比率

短期偿债能力反映企业偿还短期债务的能力。短期偿债能力不足，不仅会影响企业的资信，增加今后筹集资金的成本与难度，还可能使企业陷入财务危机，甚至破产。流动比率高表明企业短期偿债能力较强，但如果过高，则会影响企业资金的使用效率和获利能力。一般认为流动比率为2，速动比率为1比较安全，因旅行社存货较少，因此流动比率和速动比率比较接近，能保持在1就比较安全。2009年末流动比率为1.3，较上年的1.15上升了0.15，说明全国旅行社短期偿债能力加强。

（二）资产营运状况主要指标

营运能力反映企业各项资产的利用的效率，一般用资产周转速度来衡量。周转速度越快，表明企业的各项资产进入生产销售等经营环节的速度越快，其形成收入和利润的周期就越短，经营效率越高。

1. 总资产周转率

指企业一定时期主营业务收入净额同平均资产总额的比值，是综合评价企业全部资产经营质量和利用效率的重要指标。

2009年度全国旅行社企业平均总资产周转率为3.1次，比上年3.78次减少了0.68次，经营非出境游旅行社平均总资产周转率为3.75次，高于经营出境游旅行社的2.88次。

2. 流动资产周转率

指企业一定时期主营业务收入净额同平均流动资产总额的比值，是评价企业资产利用效率的另一主要指标。

2009年度全国旅行社企业平均流动资产周转率为4.57次，比上年5.32略有滞缓。经营非出境游旅行社为4.84次，经营出境游旅行社为4.5次。旅行社周转率较高，主要是因为旅行社类型的企业平均流动资产总额较小。

3. 应收账款周转率

指企业一定时期内销售（营业）收入净额同平均应收账款余额的比率，是对流动资产周转率的补充说明。

旅行社行业因其特点主要考察应收账款周转率。2009年年末应收账款周转率为23.39次，较上年增加2.06次，平均收款期为15.6天，比上年加快1.5天，说明困扰旅行社的三角债和收款问题有所改善。经营出境游旅行社应收账款周转率为23.57次，略高于经营非出境游旅行社。

（三）赢利能力

赢利能力是各方面关心的核心，也是企业成败的关键，只有长期赢利，企业才能真正做到持续经营。因此无论是投资者还是债权人，都对反映企业赢利能力的比率非常重视。

1. 净资产收益率

指企业一定时期内的净利润同平均净资产的比率，充分体现了投资者投入企业的自有资本获取净收益的能力，突出反映了投资与报酬的关系，是评价企业资本经营效益的核心指标。2009 年度旅行社平均净资产收益率为 8.79%，较上年 7.02 上升了 1.77 个百分点，主要是说明全国旅行社投资回报有所提高。经营出境游旅行社为 11.93%，经营非出境游旅行社为 2.75%，反映了国内旅游业务赢利能力弱的客观事实。

2. 总资产报酬率

指企业一定时期内获得的报酬总额与平均资产总额的比率，反映了股东和债权人共同投入资金的盈利能力，其中报酬总额由利润总额和利息支出两部分组成。总资产报酬率表示企业包括净资产和负债在内的全部资产的总体获利能力，是评价企业资产运营效益的重要指标。

2009 年度旅行社总资产报酬率为 3.59%，略高于上年。其中，经营出境游旅行社为 4.44%，高于上年 0.94 个百分点，经营非出境游旅行社为 1.37%，低于上年 1.61 个百分点。经营出境游旅行社 2009 年总资产报酬率提高，而经营非出境游旅行社总资产报酬率却下降。

3. 成本费用利润率

指企业一定时期的利润总额同企业成本费用总额的比率，表示企业为取得利润而付出的代价，从企业支出方面补充评价企业的收益能力。

旅行社成本费用利润率为 1.39%，较上年的 0.79% 增加了 0.6 个百分点。其中经营出境游旅行社为1.88%，高于上年1.06个百分点，经营非出境游旅行社为0.38%，较上年的0.64%下降了0.26个百分点。

（四）发展能力状况主要指标

1. 销售增长率

指企业本年主营业务收入增长额同上年主营业务收入总额的比率，反映了企业销售收入的增减变动情况，是评价企业成长状况和发展能力的重要指标。

2009年度全国旅游企业销售增长率达到9.38%，其中经营出境游旅行社销售增长率为6.4%，经营非出境游旅行社销售增长率为16.04%。

2. 资本积累率

指企业本年所有者权益的增长额同年初所有者权益的比率，反映旅行社所有者权益当年的变动水平，体现了旅行社资本的积累情况及投资者投入旅行社资本的保全性和增长性，是旅行社发展强盛与否的标志。

2009年度旅行社资本积累率为14.15%，其中经营出境游旅行社资本积累率为13.56%，经营非出境游旅行社资本积累率为15.69%，高于经营出境游旅行社资本积累率。

3. 总资产增长率

指企业本年度总资产增加额同年初资产总额的比率，用以衡量企业本期资产规模的增长情况，评价企业经营规模总量上的扩张程度。

2009 年度旅行社总资产增长率为 13.47%，经营出境游旅行社总资产增长率 12.83%，低于经营非出境游旅行社总资产增长率。从发展能力各项指标看，经营非出境游旅行社都要优于经营出境游旅行社，这是旅游市场结构发生重大变化的结果，国内游已成为旅游市场的主体。

通过对旅行社企业财务状况和经营成果的分析，可以看出在资金要素的利用上，旅行社具有固定资产占用少、流动资金周转快的特点，由此而形成了较高的资金利润率。

五、2009 年旅行社亮点

（一）北京地区旅行社入境游业务在金融危机下取得较好的业绩

2009 年受金融危机的冲击和影响，入境游业务不理想，大部分海外客户减少组团来华，自组客源能力相对薄弱，主要依赖海外客户输送客源的旅行社入境游业务，不可避免地受到较大的冲击和影响。北京在奥运光环的笼罩及新中国成立 60 周年的宣传下，已经成为世界游客最向往的旅游目的地之一，加上北京市旅游局采取了多种形式的海外宣传促销活动，及对赴海外参展或是邀请国外组团社前来考察的个案，给予不同程度的补助，使得北京入境游收入在金融危机下仍取得较好的业绩，居于绝对优势地位。

（二）山东国内游业务收入在全国做到第一，大大超过广东、北京、上海

山东没有大的旅行社集团总部，但山东旅行社国内游取得较大的

发展。一方面是山东旅游资源丰富,有"一山一水一圣人"(即泰山、泉城、孔子)及沿海3000多公里的黄金海岸;另一方面是山东支持各市推出一批由旅行社牵头,涵盖旅游交通、旅游景区、旅游餐饮住宿、旅游娱乐等旅游要素完善的惠民旅游线路,形成有竞争力的旅游产品。支持大旅行社向集团化方向发展,不断扩大规模,壮大实力,增强抗风险能力。中型旅行社向专业化方向发展,以市场为先导开发修学、商务、奖励、自驾车等专项旅游市场,打造专业旅游品牌。小型旅行社向专业化、网络化、社区化方向发展,主动融入大旅行商、旅游电子营运商网络,承接大旅行商地接服务。将机关公务活动推向了市场,委托大旅行社承办差旅事项等一系列得力措施,使得旅行社国内游业务收入独占鳌头。

(三)出境游的发展在金融危机下显示了中国的实力,并发挥了减小贸易摩擦、减缓人民币升值压力的作用

2009年随着中国经济的率先复苏,居民收入水平继续提高,中国出境旅游市场规模持续扩大,出境旅游消费在一定程度上缓解了我国遭遇的贸易摩擦。出境旅游快速增长带来的旅游服务贸易逆差持续扩大,将成为平衡贸易顺差、消减人民币升值压力的重要方式。尽管到2009年年底全国获批准的出境旅游组团社有1070家,但客源主要集中在综合实力和品牌影响力大的以中青旅、中旅、国旅、康辉为代表的大型综合旅行社,以及以众信旅游、凯撒国旅、凤凰假期国旅、华远国旅为代表的后起之秀。旅行社出境游业务的相对集中,使得对境外地接有一定的话语权，人民币升值使得出境游地接价格相对便宜，旅行社赢利能力有所提升。

六、旅行社企业经营中存在的问题

旅行社业是旅游业核心行业，是旅游市场的晴雨表，是反映旅游产业本质特征的行业。旅游业发展的关键是旅行社的发展与壮大。然而，与旅游业迅速发展形成鲜明对比的是，旅行社行业暴露出来的诸多问题已经成为制约旅游业发展的严重障碍。

（一）存在的问题

1. 各地区旅行社业务市场的发展不均衡，旅行社业务主要集中在北京、上海等发达地区，中西部地区旅行社数量和实力明显较弱，有些省区市旅行社收入较少，不如一个中型旅行社的收入。如何鼓励旅行社在相对落后地区发展旅游业务，提高抵抗市场风险的能力，成为旅游主管部门亟须考虑的一个重要课题。

2. 赢利能力弱。旅行社的收入流量很大，但利润沉淀较小，由此形成了较低的收入利润率。人民币升值、物价持续上涨，与旅行社经营成本直接相关的油价、上游供应链价格等刚性成本不断上涨，导致机票、房、餐、车费、门市租金等相关成本全面上涨，而在行业中处于竞争劣势的旅行社无法转移涨价负担，使得旅行社利润率较低。加上旅行社管理机制不完善，部分旅行社采取部门承包、挂靠经营来分散经营风险，造成旅行社内部管理薄弱，“跑、冒、滴、漏”情况严重，“富了和尚穷了庙”的情况较为普遍，部分旅行社在部分市场存在着零团费和负团费,低于成本销售,用掌握在个人或是部门的采购回佣补贴团队,直接影响了社会资本对旅行社的判断和投资,进而影响行业的发展。

3. 旅行社规模小,集中度差,大旅行社所占的市场份额在逐年下降。我国旅游业发展较快,但旅行社业发展比较迟缓。原来相对集中的国旅、中旅、青旅三家,现在所占份额均不足5%。纳入汇编的14086家旅行社,总资产为459.5亿元,营业收入为1341亿元,平均每家旅行社的资产规模只有326.46万元,收入也只有952.75万元。无论是营业收入还是利润都比不上国外一家大的旅游企业集团。全球最大的旅游企业美国运通年营业收入为360亿美元,利润为40多亿美元,资产总额为2000亿美元。德国途易集团(TUI)年接待人数超过2200万人次,营业额超过200亿欧元,资产总额超过130亿欧元。我国旅行社普遍存在小而全、小而散、专业化分工不明显等突出问题,导致大多数旅行社往往是以低价进行竞争,忽略品牌建设和服务质量的提高。

4. 旅行社研发费用投入偏低,市场开拓不足,产品单一,恶性价格竞争导致质量下降。目前,旅行社提供的产品大多是标准化、普通化的大众旅游产品,缺少有针对性的专项旅游和特种旅游项目。实力强的大旅行社付出大量成本包装和促销一条旅游线路,而不少小旅行社则无须投入多少成本便可搭便车模仿产品,以更低的价格出售。从而造成旅行社行业产品开发不细,新客源群体开拓不力,出现“僧多粥少”的局面,加深了旅行社之间的价格战,使“价格下降、质量不稳定”成为普遍存在的问题。

（二）建议采取的措施和对策

1. 鼓励旅行社适度多元化经营，分散经营风险

旅行社是旅游企业的龙头企业，国内旅游具有资源消耗低、带动系数大、就业机会多等特点，对住宿、交通、民航、铁路、文化娱乐、餐饮和商品零售等多个产业都有十分明显的拉动作用，并在应对金融危机中可以发挥出独特的作用。但单一的旅行社业务赢利能力较弱，2009年旅行社赢利能力虽有所加强，但其来源并不单纯是旅行社业务，还有旅行社办理证件收入、免税品收入和其他多元化业务的收入，因此主管部门可以鼓励旅行社发挥适度规模效应，开展多元化经营，如旅游保险、旅游金融、景区开发等，分散单一旅行社业务的经营风险。

2. 鼓励旅行社集团在中西部开设分社，拓展旅游业务

西部地区旅游资源丰富，但旅行社发展比较薄弱。采取财政补贴或地方发放中西部旅游券，固然一时可以释放旅游消费潜力，刺激旅游消费，但效果不会持久。应鼓励大旅行社在中西部地区开设分社，给予中西部投资额抵税的政策，逐步改变中西部旅游发展不平衡的局面。

3. 加强旅游行业管理，规范旅行社经营行为

首先要加强旅行社的日常动态管理，采取定期和不定期相结合的办法对企业进行检查，尤其是针对那些违反行业规律，低于成本价销售或人均工资较低、毛利率低于平均水平的旅行社。其次应加强旅行社诚信建设，运用行政手段的优势，宣传旅游政策法规，建立和完善旅

游企业和旅游从业人员诚信档案，定期或不定期通报不诚信的旅行社和从业人员，使非法经营无法生存。第三是旅游行政管理部门要不断加强行业管理，规范旅行社的经营行为，更好地保护好旅游者和旅游经营者的合法权益，促进旅行社业持续、健康、有序发展。

4. 培育大型旅游企业集团，增强旅行社业整体核心竞争力

针对我国旅行社数量多、规模小、竞争力弱的实际，制定有利于旅游批发商做大做强的法规和政策，促进有实力的大旅行社向规模化、集团化发展，培育一批旅行社经营商或批发商，使其成为主导旅游市场，并具有国际竞争力的核心旅行社企业。并通过这批大企业的带动，推进市场精细分工，促进整个行业的升级换代。充分利用目前国内已形成的国旅、中旅、青旅、康辉等旅行社系统，以总社为核心，以资本为纽带，形成以旅游产品开发、批发、销售、接待为一体，统一品牌、统一经营、统一服务质量的旅行社集团，进一步增强在国际国内旅游市场的竞争力。

5. 抓好旅行社信息标准，推动旅行社网上业务发展

信息技术的发展和网络的兴盛，对旅行社资源整合、设施建设、项目开发、市场开拓、企业管理、营销模式、咨询服务、电子交易等领域带来了深刻的影响，引发了旅行社发展战略、经营理念和产业格局的创新，从产业链上根本改变了旅游产业的发展方式，使企业组织结构更加精干，有利于各部门的业务和财务信息更加透明，削弱人为的“暗箱操作”，提高了企业运营效率和经营效益。

6. 鼓励旅行社文化和产品创新,促进产业结构升级换代

我国旅游业产业结构中,业务功能分工不明确,各企业自己包办生产过程的所有中间环节,效率低下,缺乏创新能力。旅游主管部门可以给旅行社一定的宣传促销费用,鼓励旅行社细化市场,开拓新产品。

通过指标数据分析,可以看出,2009 年全球性金融危机虽然对入境游业务造成冲击,但各旅游企业和旅游主管部门积极响应国家政策刺激消费、扩大内需、发展旅游的政策,积极应对不利的外部环境,整合资源,化危机为契机,实现旅行社业的发展和旅游收入结构的调整,使 2009 年旅行社业务赢利能力有所加强。但是旅行社作为旅游行业的排头兵,并没有在如火如荼的旅游发展中发挥核心的作用。旅行社要发挥产业和规模的优势,尤其是大的旅行社企业要从集中采购和议价能力方面把成本控制好,给老百姓以实惠,开展诚信经营而不是单纯的价格战,有效地引导各类资金流向旅游业,真正使旅游业成为人民群众更加满意的现代服务业。

作者:莫跃明　中国旅行社总社有限公司　总裁

张踏青　中旅国际会议展览有限公司　财务总监

旅游饭店篇

2009 年度中国旅游行业财务信息分析报告

——探究饭店业 2009 年利润亏损的原因

2009 年纳入全国旅游行业财务信息汇编的旅游饭店共计 7718 家。从汇总数据来看,由于受国际金融危机和国内各种自然灾害的影响,2009 年全国旅游饭店企业的经营财务状况都存在着不同程度的下滑,全年实现营业收入 1343.25 亿元,比上年减少 10.78 亿元,虽然下降率仅为 0.78%,但利润亏损达到 10.06 亿元,与 2008 年赢利 15.87 亿元相比,减少了 25.93 亿元,负增长了 163.42%。通过财务效益状况主要指标的比较(见下表),更反映出饭店行业整体赢利能力的明显减弱。

指标名称	2009 年	2008 年	差　异
净资产收益率(%)	-1.59	2.42	-4.01
总资产报酬率(%)	-0.53	2.83	-3.36
主营业务利润率(%)	-1.31	0.90	-1.32
成本费用利润率(%)	-1.28	0.89	-2.17

下面,按地域、星级分类汇总的统计资料为依据,对影响行业效益下降的相关因素进行分析:

一、营业收入变动因素的影响

1. 销售增长率的变动

与上年相比,2009 年旅游饭店行业营业收入整体下降幅度不大,但从全国各地区、各星级饭店具体的销售增长率上看,可发现相互之间差异很大(见以下图表)。

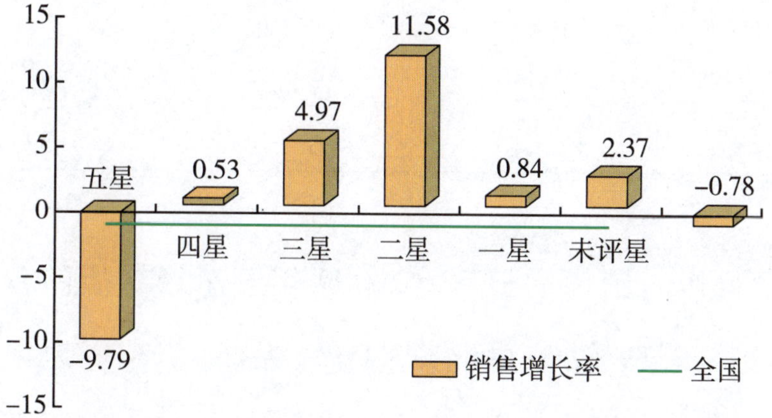

各星级饭店 2009 年销售增长率

各地区饭店销售增长率情况

地　区	2009 年销售增长率(%)	地　区	2009 年销售增长率(%)
北　京	-21.31	陕　西	3.34
上　海	-19.70	福　建	3.92
天　津	-5.29	河　北	5.62
江　苏	-3.01	山　东	5.86
广　东	-0.80	宁　夏	6.25
重　庆	-0.04	河　南	6.98
浙　江	0.43	新　疆	7.88
湖　北	3.12	江　西	7.94

续表

地　区	2009 年销售增长率(%)	地　区	2009 年销售增长率(%)
海　南	9.83	广　西	13.21
辽　宁	10.04	湖　南	15.20
云　南	11.08	贵　州	25.32
青　海	11.55	甘　肃	25.63
黑龙江	11.69	四　川	25.72
内蒙古	11.73	吉　林	28.32
安　徽	12.64	山　西	32.13

从各星级饭店销售增长率看,2009 年五星级饭店的营业收入降幅最大,达到 -9.79%,其中北京、上海、天津、广东等地区的五星级饭店营业收入降幅尤为突出,最高达到 -30.57%,主要是因为高星级饭店比较依赖国际客源,并已出现严重的市场供给过度的局面,所以受到的冲击最大。低星级饭店主要依靠国内客源市场,受到的冲击相对较小,二星级及三星级饭店的营业收入甚至随着国内旅游市场的活跃发展而出现了一定幅度的增长,分别为 11.58% 和 4.97%。其中上海、江浙地区和京津地区的三星级饭营业收入呈下降趋势,与五星级饭店所面临的境遇相同,而中西部地区依旧保持着强劲的增长势头。

从各地区饭店销售增长率情况来看,呈现出三种不同的地域差异特点。一是北京、上海等国际化大都市,饭店的营业收入大幅下降,主要是这些城市的饭店市场与国际市场联系更为密切,受到金融危机的冲击也更大。尤其是随着奥运会、世博会的召开，北京、上海等大城市中饭店企业供给过度的现象也更加突出。二是湖北、陕西、福建、山东等地区由于国内旅游发展迅猛，市场需求保持稳定，金融危机带来的冲击并不十分明显或被抵消，因此，这些地区饭店业营业收入稳中有升。三是西藏、山西、四川、甘肃、贵州、湖南、广西等中西部省分，在政府经济刺激计划和中西部大开发步伐不断加快的利好形势下，饭店业呈现出蓬勃发展，营业收入增长明显。

综上所述，正是由于发达地区或高星级饭店2009年营业收入呈现负增长，对行业总体利润的形成，产生了较大的负作用。因为发达地区、高星级饭店企业所在的市场，消费能力和价格水平都比较高，在整个行业营业收入含金量最高、创利能力最强、整体效益贡献最大，这些地区和企业受到了重创，直接影响和削弱了整体行业的发展和赢利能力，这是2009年旅游饭店业整体亏损的重要因素之一。

2. 销售指数的变动

销售指数由饭店客房平均房价乘以平均入住率计算，是饭店行业衡量企业客房经营创收能力的指标之一，表示饭店实有客房平均每间天实现的营业收入，反映企业实际投入的客房资源（产品）所能获得的回报。销售指数的高低，体现产品竞争力和营销效果的状态，在一定程度上也体现了饭店业主导产品的创（赢）利能力。

下面通过对各星级、各地区饭店业销售指数变化的比较（见下图表），分析其构成因素的影响，以及对行业整体效益的影响程度。

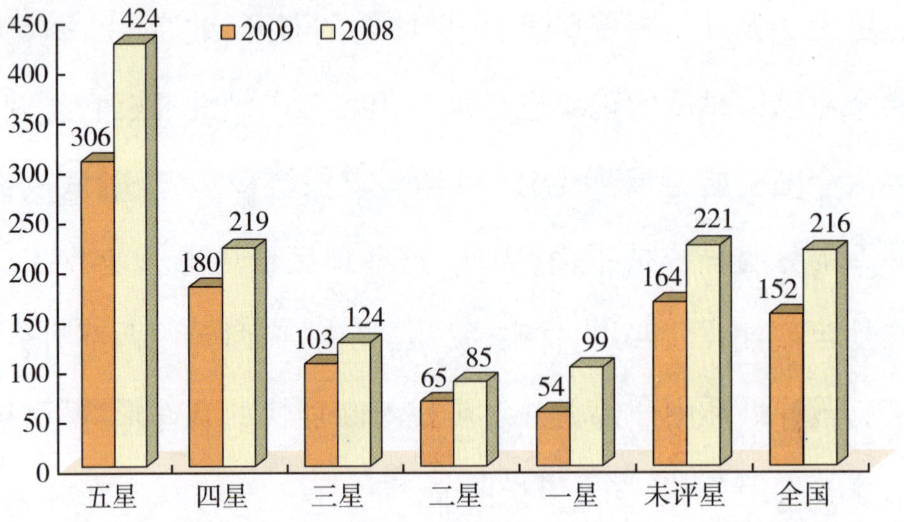

各星级饭店销售指数

不同地区销售指数的增减变化情况

地　区	2009 年	2008 年	差　异	地　区	2009 年	2008 年	差　异
河　北	142	119	23	湖　北	111	136	-25
四　川	148	139	9	重　庆	123	150	-27
甘　肃	81	73	8	河　南	102	133	-31
陕　西	127	124	4	江　苏	155	188	-33
江　西	115	112	3	吉　林	119	157	-38
广　西	108	110	-2	内蒙古	106	155	-49
海　南	192	196	-4	辽　宁	170	227	-57
黑龙江	140	146	-6	云　南	55	113	-58
安　徽	139	146	-7	浙　江	168	229	-61
贵　州	117	126	-10	湖　南	105	170	-65
宁　夏	115	129	-14	天　津	155	224	-70
青　海	83	101	-18	广　东	187	261	-74
新　疆	92	110	-18	山　东	175	250	-75
福　建	155	177	-22	北　京	268	407	-139
山　西	130	155	-25	上　海	231	385	-154

从星级饭店销售指数变化看，全国各星级饭店的客房销售指数均出现了同比下降的情况，平均从 216 元减到 152 元，降幅为 29.62%，即每间客房每天少了 64 元的收益，其中下降幅度最大的是一星级饭店，降幅达到 45.92%，降幅最小的是三星级饭店，降幅为 16.4%，五星级饭店虽然降幅是 27.8%，低于全国平均水平，但降低额则是最高的，达到 118 元。

从不同地区销售指数的高低和增幅来看，销售指数最高的地区集中在北京、上海、海南、广东等地区，但与此同时销售指数同比下降最大也是北京、上海、广东等发达地区，而甘肃、四川、陕西等西部地区的销售指数虽然不高，增幅和影响力也不大，却呈现同比增长的势头。

通过分析我们看到，销售指数变动的规律以及在地域、星级饭店之间形成的格局，与上述销售增长率变动状态的分析基本一致，说明导致销售指数变动主要原因的宏观层面是相同的。

究其变化的具体原因，我们对影响销售指数变化的客房出租率和平均房价进行了如下分析：

（1）客房出租率分析（见下页图表）

从图形中可以看出，2009 年各地区饭店平均出租率均低于 2008 年，全国平均水平为 52.93%，比上年低了 5.28 个百分点；各星级饭店平均出租率也全面下滑，其中五、四、三星级饭店平均出租率分别为 51.34%、54.98%、52.95%，分别下降了 6.13、3.7 和 5.4 个百分点。

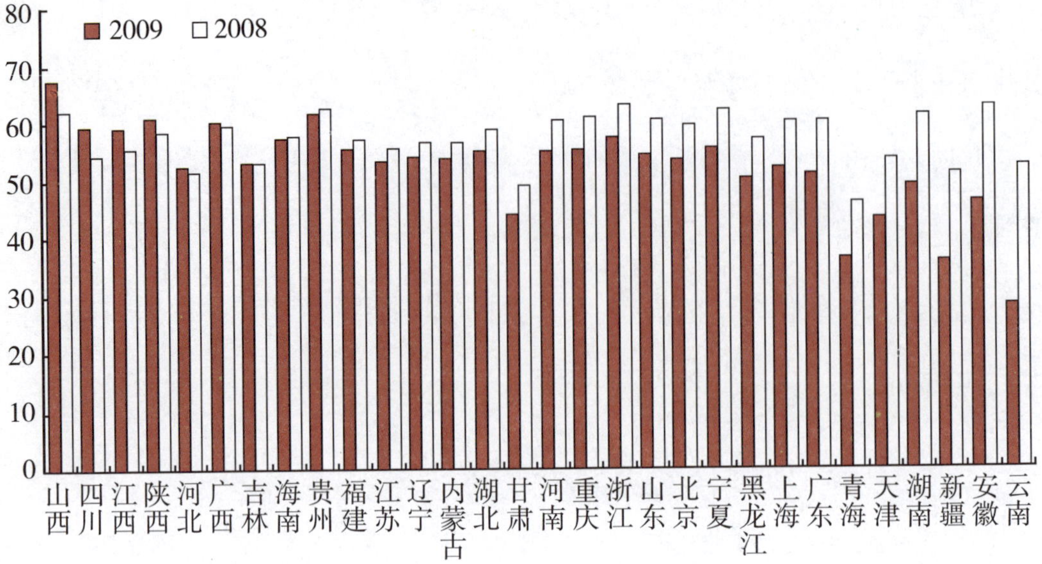

2009 年与 2008 年各地区饭店客房出租率情况

地　区	2009 年	2008 年	差　异	地　区	2009 年	2008 年	差　异
山　西	67.44	62.26	5.18	河　南	55.06	60.31	-5.25
四　川	59.61	54.44	5.18	重　庆	55.33	60.79	-5.46
江　西	59.10	55.61	3.49	浙　江	57.38	62.96	-5.58
陕　西	60.94	58.48	2.46	山　东	54.49	60.29	-5.80
河　北	52.23	51.60	0.63	北　京	53.49	59.48	-5.99
广　西	60.13	59.57	0.56	宁　夏	55.44	61.96	-6.52
吉　林	53.02	53.18	-0.16	黑龙江	50.18	57.14	-6.96
海　南	57.36	57.76	-0.40	上　海	52.32	60.06	-7.74
贵　州	61.67	62.59	-0.92	广　东	51.14	60.24	-9.10
福　建	55.44	57.22	-1.78	青　海	36.61	46.08	-9.47
江　苏	53.27	55.57	-2.30	天　津	43.44	53.48	-10.04
辽　宁	54.06	56.73	-2.67	湖　南	49.33	61.43	-12.10
内蒙古	53.85	56.65	-2.80	新　疆	35.79	51.22	-15.43
湖　北	55.18	58.75	-3.57	安　徽	46.45	62.75	-16.30
甘　肃	43.96	49.19	-5.23	云　南	28.21	52.53	-24.32

(2)平均房价分析

2009 年全国饭店业平均房价 287. 37 元,比上年低了 83. 9 元,下降了 22. 6% ,除河北、安徽、甘肃、青海、新疆、黑龙江外,其他地区均同比下降(见下图),北京、上海、山东、辽宁等地区下降幅度都在 20% 以上,最高的上海市达到 31% 。

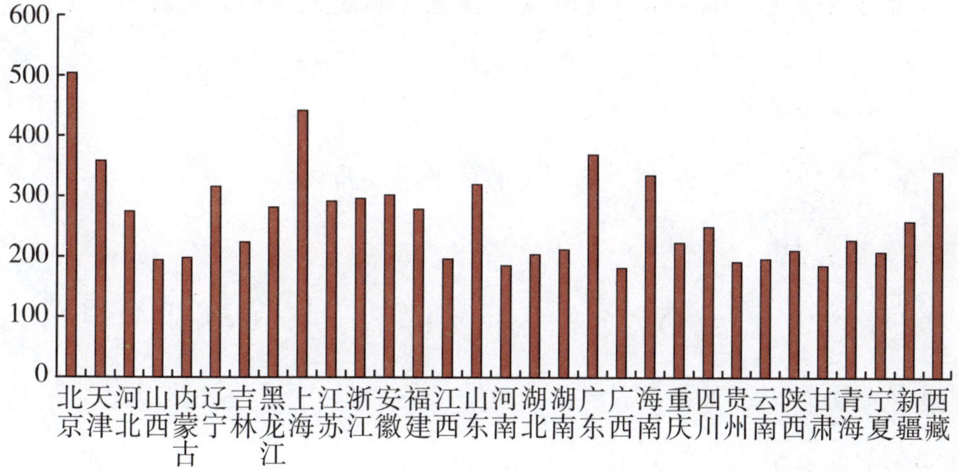

2009 年全国各地区平均房价(元)

不同地区的饭店平均房价差异显著(见下页图示),一线城市平均房价与全国平均水平最大差距仍达到 214 元,即一线城市实现了更高的客房收益溢价,但我们同时也看到,新增供给和金融危机对一线城市的影响程度远远高于国内二、三线城市,由此带来的效益损失也非常明显和突出。

通过对出租率、平均房价的变化分析可以看到平均每间客房收益(销售指数)业绩变化的原因,即由于出租率下降 5. 28 个百分点,平均

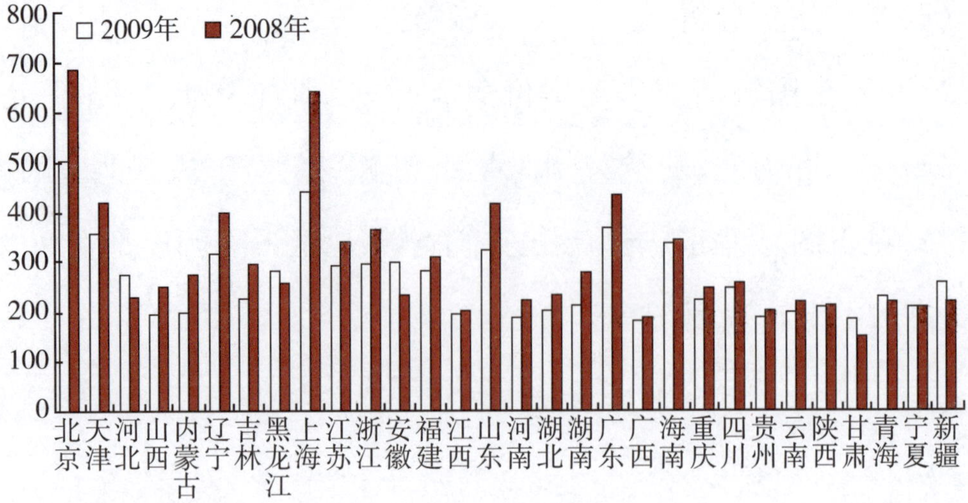

2009 年和 2008 年平均房价比较

房价减少 83.9 元,分别造成销售指数降低了 19.6 元和 44.4 元,影响率分别为 30.6% 和 69.4% 。

二、销售结构变动因素的影响

在饭店业的销售结构中,客房和餐饮占有相当的比重,是企业增收和创利的主要来源,2009 年纳入汇编范围的旅游饭店共实现客房收入 570.6 亿元,比上年减少了 33.6 亿元,在饭店业营业收入中的比重,由上年的 49% 下降到了 41%(见下页图)。

餐饮收入的比重变化不大,基本稳定在 43% ~42% ,其收入总额还增加了 16.1 亿元,达到 565.9 亿元。由此可见,金融危机对于饭店餐饮收入的影响并不是很大。

从全国各地区具体情况来看,随着城市层级的上升,客房、餐饮在酒店营业收入中的权重,逐步呈现客房减少、餐饮增加的变化,北京、

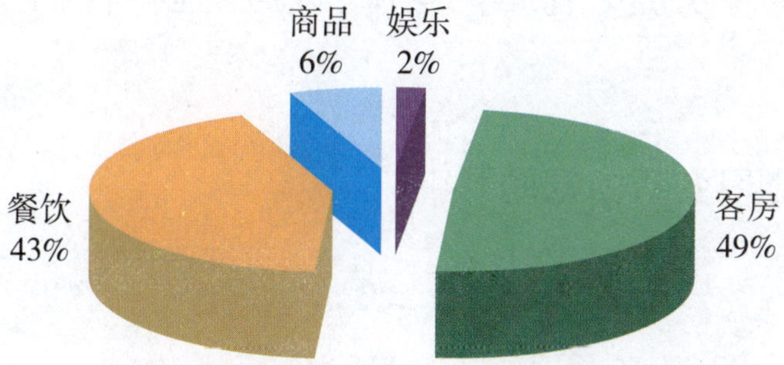

2008 年收入结构

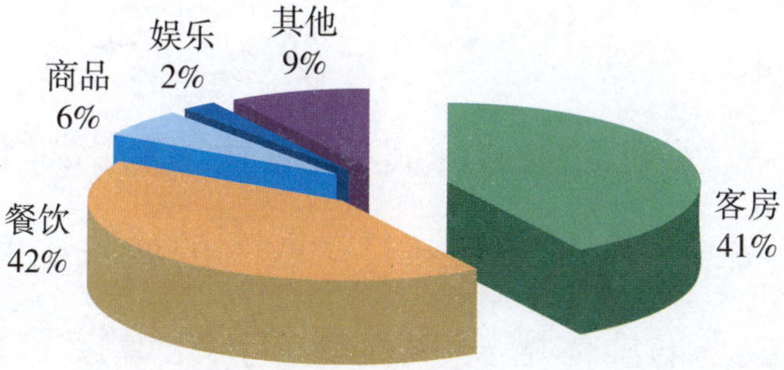

2009 年收入结构

上海饭店市场接近5:4,浙江、江苏分别为3:4、4:5,天津、山东基本持平,接近4:4。广东则出现了倒挂的现象,客房、餐饮收入比达到4:4.5。而海南由于独享有旅游资源、另辟蹊径的度假胜地,使其享有丰富的客源,客房收入独领风骚,远远高于北京、上海这类一线城市。

2009 年餐饮收入的比重超过客房收入的平均比重。这种销售结构的变动,给企业的效益带来重要影响。在饭店各项业态中,客房日常的运营成本费用相对较低,营业利润率较高,是饭店企业的"创利大户"。而与客房相比,餐饮及其他业态则显得成本费用大,营业利润率偏低，因而随着客房收入比重的下降，饭店的创利水平就受到较大的影响。

三、成本费用变动因素的影响

2009 年纳入全国汇编范围的饭店共发生各项成本费用 1367.5 亿元，比上年增长 23.5 亿元，增幅为 1.75%。

在成本费用总额中，主要是营业成本、销售费用和利息支出的增长比较明显。

1. 营业成本

2009 年在餐饮收入增长的基础上，餐饮毛利率却下降了 6.92 个百分点，这说明餐饮成本的增长超过了收入的增长比例，其增加的成本额导致营业成本的整体增长，营业成本同比增长了 16.49 亿元，增幅为 3.76%。

2. 销售费用

销售费用随着市场竞争的不断加剧而增长，2009 年同比增长了 10.87 亿元，增幅为 2.83%。

3. 利息支出

利息支出同比增长了 17.7 亿元，增幅为 39.7%。原因是随着新建饭店的不断增加，以及部分饭店在营业收入下降、饭店更新改造带来的资金压力下，通过扩大信贷规模来维持正常经营，随之而来的是财务费用的增长和负债率的提高。

由于成本费用的增加，直接加大了整个行业的亏损。

以上从三个方面对影响2009年旅游饭店业整体赢利能力的不利因素进行了分析,可能还不够全面,但在一定程度上反映出2009年行业经营管理状态,以及在金融危机及其他不利因素影响下,所折射出的问题和原因,应引起各方面的高度关注。

旅游饭店业作为一个易受外界影响波动的产业,在全球金融危机的冲击下,必然不会独善其身。因此,2009年各项财务指标与上年对比均存在着一定差距。尤其是2008年奥运会对饭店业营业收入和效益的提升,特别是对一些城市的高星级饭店,发挥了超常规的作用,导致2009年的实际状况与上年对比形成更大的反差。当然,由于客源市场的不同,受金融危机影响程度也不尽相同,需要客观地、具体地对各地区、各星级饭店的财务指标进行分析,不能一概而论。

随着国家宏观经济政策的调整,以及国际经济形势的逐渐复苏,相信2010年的各项财务经济指标,一定会恢复到一个较高水平。

作者:杨　汉　北京饭店　总会计师
程　楠　北京长富宫饭店　总会计师
钱　轶　北京首旅建国酒店管理有限公司　财务总监

旅游景区篇

2009年度中国旅游行业财务信息分析报告

——旅游景区篇

一、旅游景区在旅游业发展中的地位及目标

旅游景区是旅游业“食、住、行、游、购、娱”六大要素中的核心要素，是旅游产品和旅游产业链的主体成分及中心环节，是旅游消费面的吸引中心和旅游产业面的辐射中心。在市场供给过度的竞争环境下，购物、餐馆、交通等旅游业要素价格下降，而旅游景区以其资源的垄断性、不可替代性以及门票价格的非市场性，门票价格多呈刚性的只升不降特征。因此，在旅游产业大发展格局中，作为旅游吸引力根本来源和旅游消费原动力的旅游景区，其开发建设成为产业扩张的重心点，经营管理成为产业发展的着力点，旅游消费成为旅游经济新的增长点。

世界旅游强国目标实现的关键，在于培育和建设一大批具有世界影响力和竞争力的旅游精品景区。2001年，《国务院关于进一步加快旅游业发展的通知》明确要求，要“进一步丰富和优化旅游产品，增加旅游产品的文化科技内涵，提高参与性和吸引力，要突出地方特色和民族特色。大力发展生态旅游、都市旅游等，规划建设一批国家生态旅游示范区、旅游扶贫试验区、旅游度假区”。要“实施精品战略，努力

建设和推出一批在海内外市场上影响大和竞争力强的旅游景区、景点和旅游线路，推进旅游产品多样化”。可以预计，随着旅游基础设施的改善和旅游配套功能的完善，旅游景区在旅游产业发展中的核心地位和作用将凸现出来，成为新时期中国旅游经济的主要增长点。

二、旅游景区投资发展情况

受全球金融危机冲击和甲型 H1N1 流感疫情的影响，2009 年中国旅游产业面临前所未有的挑战，然而在旅游投资领域，全国却出现了近年来的新一轮旅游投资高潮。这是中央政府和地方政府大力推动、积极主导的结果，也是旅游业发展到一定阶段的必然需求。

从 2008 年开始，国家相关部门出台了一系列政策扶持旅游业，包括 2008 年 11 月国家旅游局向相关部门提交“国民休闲计划”；2008 年年末国家发改委发布《关于大力发展旅游业促进就业的指导意见》；2009 年 1 月农业部、国家旅游局联合实施《全国农村旅游倍增计划》；2009 年 9 月文化部与国家旅游局联合发布了《关于促进文化与旅游结合发展的指导意见》，2009 年 11 月 25 日国务院通过的《关于加快发展旅游业的意见》，更是把旅游发展推到高潮。另一方面，旅游业本身具有刺激消费、促进就业、增加税收、改善环境、提升形象等功能，使得各地方政府对于发展旅游行业积极性高昂。从奥运前开始，各地政府就开始酝酿、实施了各种的促进政策。一是横向联合，转变了以往对单个景区的推广形式，提出对系列景区建立旅游产业带的发展方式；二是上下联动，地方政府和国家旅游局签署紧密合作协议，在景区发展规划、旅游宣传、人才培训等方面求得全国一盘棋；三是实施税费减免、加大旅游资金投入，从投资渠道上凸显出政府扶持、招商引资多元化态势。四是倡导拓宽多元化的旅游投资渠道，许多地区出台了鼓励支持企业上市和贷款融资的政策，其中大型企业集团、社会资本、港台地区和国外企业集团的重大旅游项目投资，成为旅游投融资的重要渠道，如华侨城集团、港中旅、横店集团在浙江等地的投资。在新景区投资热点中，最引人关注的是上海迪士尼项目、世界巧克力梦公园、梁山水浒文化主题公园、云南华侨城等项目。

同时，资本逐利性决定了资本将流向高回报的行业，因此本世纪以来，众多的旅游企业、投资公司看好旅游景区业，将更多的资金投向了这一行业。旅游景区企业在各个财务指标和股市中表现都好于其他旅游行业，旅游景区投资将超过饭店投资，成为旅游业内最大的投资领域。在经济高速增长的背景下，经过本世纪初至今的近 10 年发展，随着北京奥运会的召开和后奥运经济的影响，以及上海世博会预期利益驱动，2009 年旅游景区业投资规模达到短期巅峰。这在沪深上市公司中表现得尤为突出，著名的投资案例包括：桂林旅游斥资 5.4 亿元收购桂林市“两江四湖”环城水系项目；中青旅投资 3.55 亿元收购浙江乌镇旅游景区；首旅股份 3.3 亿元收购海南南山旅游景区；华侨城在北京投资兴建欢乐谷等。

三、2009 年旅游景区经营状况

（一）总体经营情况

2009 年，纳入旅游行业财务信息汇编的旅游景区共 2236 家，汇总经营情况为：

1. 资产指标

2009 年纳入汇编范围的旅游景区资产总额为 1180 亿元，比上年增加 218 亿元，增长 22.7%，资产总额的增加一方面是旅游景区企业数量同比增加；一方面表现在投资性项目的增加。其中资本金增加 32.29 亿元，货币资金增加 21.1 亿元，无形资产增加 18.11 亿元，固定资产原值增加 108.63 亿元，在建工程增加 21.55 亿元，长期股权投资增加 5.8 亿元。资本金投资 312.77 亿元中，国家及国有法人资本金 109.96 亿元，集体及集体法人资本 38.51 亿元，个人资本 41.5 亿元，外商资本 54.55 亿元。比上年平均增长幅度为 11.5%，其中增长幅度最大的为个人资本和集体及集体法人资本，增幅分别达到 19.42% 和 10.69%。可以看出，无论是政府、国有、民营企业或个人，还是外商在 2009 年都对旅游景区加大了投资力度。

2. 游客接待量指标

2009 年旅游景区共接待国内外游客 3.99 亿人次，比上年增加 1.06 亿人次，增长率为 36%。其中，国内游客 3.39 亿人次，国际游客 0.67 亿人次，分别占景区接待人数的 85% 和 15%，反映了景区业中还是以接待国内客人为主，主要是中国人口基数较大，出行人数众多。另一方面国际游客比上年增加了 3923 万人次，增长率达到了 140%，远远大于国内客人 28% 的增长率，因此针对国际市场的营销、开发和宣传依然是未来景区业的重要工作。

3. 营业收入指标

2009 年旅游景区共实现营业总收入 205.34 亿元，比上年增加 30.15 亿元，增长 17.21%；其中门票收入 127.93 亿元，餐饮收入 16.34 亿元，旅游商品收入 7.45 亿元，分别占景区景点收入的 62.3%、7.96% 和 3.63%。国内景区经营主要依靠门票收入，客流量依然是景区的生命线。

4. 营业成本指标

2009 年旅游景区共发生营业总成本 207.82 亿元，比上年增加 36.32 亿元，增长 21.18%，成本增长率超过了收入增长率。

5. 利润指标

2009 年旅游景区实现营业利润 2.15 亿元，比上年减少 4.54 亿元，下降 67.9%。实现利润总额 6.82 亿元，比上年减少 2.39 亿元，下降 25.9%。利润总额下降幅度小于营业利润下降幅度，主要是营业外收入比上年增加了 2.55 亿元所致。

收入虽然增长，但是成本增长率超过了收入增长率，营业利润和利润总额均低于上年同期，且利润总额构成中营业外收入比重较大，尤其是政府补助占到了 35%。以上情况说明，景区在成本费用控制管理上还需加强；另一方面随着投资的不断加大，固定费用也呈上升趋势，景区经营中要处理好成本与投资的关系；文物类景区由于维护成本较大，因此在一定程度上还要依靠政府财政资金的支持。

6. 旅游景区社会效益指标

投资旺盛和良好的经济效益带动了劳动就业，截至 2009 年年末，纳入汇总的旅游景区从业人数为169256人，全年平均就业人数为152733人，比上年分别增加了33878人和23006人。2009年实际发放职工工资总额32.2亿元，缴纳养老、医疗等社会保险4.4亿元，全年实现社会增加值86.7亿元，上述社会贡献全部超过2008年水平。旅游业作为劳动密集型行业在解决劳动就业，平衡社会财富，创建和谐社会做出了应有的贡献。

（二）分类景区经营状况

目前国内景区数量大、种类多。如按照景区的资源类型可分为五类，即文物类景区、自然类景区、社会人文类景区、复合类景区和主题公园类景区。按照景区的主导功能可分为四大类，即观光类景区、度假类景区、科考类景区和游乐类景区。按照景区的质量等级可分为五大类，即1A级、2A级、3A级、4A级和5A级景区。根据统计和分析的需要，现按照旅游资源类型，经过适当合并为三类并分析说明如下：

1. 文物类旅游景区

文物类旅游景区是指由历史原因形成的、受国家保护的历史文化遗迹，属于历史文物，由文物局、园林局或政府其他相关部门经营管理，如故宫、长城、颐和园、兵马俑、少林寺等。

2009年文物类旅游景区共接待国内外游客0.42亿人次，占全国旅游景区总接待人数的10.5%，比上年增加800万人次，增长23.5%；实现营业总收入18.93亿元，占全国旅游景区总收入的9.2%，比上年减少 0.96 亿元，下降 4.8%；共发生营业总成本 18.76 亿元，占全国旅游景区总营业成本的 9%，比上年增加 0.23 亿元，增长 1.3%；实现营业利润 1.72 亿元，占全国旅游景区总营业利润的 80.2%，比上年增加 0.15 亿元，增长 9.8%；实现利润总额 2 亿元，占全国旅游景区利润总额的 29.5%，比上年减少 0.95 亿元，下降 32.1%。

2. 自然类旅游景区

自然类旅游景区指由大自然原因形成的名山大川、独特地貌和自然风景，在政府主导下，通过国有资本和法人资本的投入开发逐渐变为成熟的旅游景区，如九寨沟、黄山、华山、张家界、桂林山水等。

2009 年自然类旅游景区共接待国内外游客 2.36 亿人次，占全国旅游景区总接待人数的 59.2%，比上年增加 6625 万人次，增长 39%；实现营业总收入 115.84 亿元，占全国旅游景区总收入的 56.4%，比上年增加 25.2 亿元，增长 27.8%；发生营业总成本 121.5 亿元，占全国旅游景区总营业成本的 58.5%，比上年增加 26.49 亿元，增长 27.9%；实现营业利润 -5.36 亿元，比上年减少 6.16 亿元，下降了 769.9%；实现利润总额 -2.28 亿元，占全国旅游景区利润总额的 -33.4%，比上年减少 4.05 亿元，下降了 228.7%。

3. 主题类旅游景区经营状况

主题类旅游景区指利用土地资源，依托自然和人文环境，借助观光、休闲和娱乐等旅游理念，通过后天投资开发建设的主题景区以及温泉度假村等，如华侨城欢乐谷游乐园、海南南山旅游区、大唐芙蓉园、世界公园、明清古镇。

2009 年主题类旅游景区共接待国内外游客 1.21 亿人次，占全国旅游景区总接待人数的 30.3%，比上年增加 3200 万人次，增长 35.9%；实现营业总收入 70.57 亿元，占全国旅游景区总收入的 34.4%，比上年增加 5.91 亿元，增长 9.1%；发生营业总成本 67.55 亿元，占全国旅游景区总营业成本的 32.5%，比上年增加 9.59 亿元，增长 16.5%；实现营业利润 5.78 亿元，占全国旅游景区总营业利润的 269.2%，比上年增加 1.46 万元，增长 33.9%；实现利润总额 7.09 元，占全国旅游景区利润总额的 103.9%，比上年增加 2.62 亿元，增长 58.5%。

4. 分类景区经营状况分析综述

由于经济属性不同，三类景区经营状况呈现了不同的特点，其中：

（1）自然类景区游客最多，营业收入比重也最大，一方面是该类景区数量较多，另一方面也说明自然风光对游客的吸引力更强。但是从经营收益角度衡量，该类景区的营业利润和利润总额为负值，低于上年同期，且下降幅度较大，主要原因在于成本费用支出过大，营业利润率和成本利润率为负值。自然类景区今后应在控制成本费用方面有所加强。

（2）主题类景区经营收益状况好于另外两类景区，营业利润和利润总额增长幅度较大。主要原因在于主题类景区是产业资本投资的密集区，市场化程度较高，利润最大化目标明确。从体制层面讲，主题类景区更接近市场，由于不具备历史性和自然性优势，投资者和经营者更注重选址、立项、文化、客户群、营销宣传、管理服务等经济内涵，因此在经营中能实现更高的经济效益。

(3)文物类景区经营状态很不稳定，存在着一定的特殊性，例如：游客接待量上升，收入却下降；收入下降，但成本费用却上升；营业利润增长，利润总额却下降。主要原因是文物类景区多隶属于政府相关部门，属于事业单位或民间非赢利组织，不以赢利为第一目标。历史文物维护费用高，支出变化大，规律性不明显。

四、旅游景区主要经济效益指标分析

(一)经营效益指标

1. 净资产收益率

净资产收益率反映股东权益的收益水平，用以衡量公司运用自有资本的效率，指标值越高，说明投资带来的收益越高。2009 年全国旅游景区的平均净资产收益率为 0.7%，前五位省区市依次为宁夏、福建、河北、广西和新疆；后五位依次是广东、陕西、山西、浙江和湖南。

2. 总资产收益率

总资产利润率反映企业资产综合利用效果，是衡量企业利用债权人和所有者权益总额所取得赢利的重要指标。2009 年全国旅游景区的平均总资产报酬率为 0.29%，前五位省区市依次为宁夏、福建、广西、新疆和海南；后五位依次是陕西、广东、浙江、山西和湖南。

3. 主营业务利润率

主营业务利润率反映企业每单位主营业务收入能带来多少主营

业务利润，是企业主营业务的获利能力和评价企业经营效益的主要指标。2009年全国旅游景区的平均主营业务利润率为1.45%，前五位省区市依次为宁夏、福建、云南、广西和海南；后五位依次是青海、陕西、山西、浙江和广东。

4. 成本费用利润率

成本费用利润率指标表明每付出一元成本费用可获得多少利润，体现了经营耗费所带来的经营成果。该项指标越高，利润就越大，反映企业的经济效益越好。2009年全国旅游景区的平均成本费用利润率为1.44%，前五位省区市依次为宁夏、福建、广西、云南和海南，后五位依次是青海、陕西、山西、浙江和广东。

5. 综合分析

数值反映出全国平均的景区财务效益指标并不高，甚至低于2008年，地区呈现差异化发展，海南、广东和上海经过一段时间的高速发展，在进入2009年后速度放缓。以往的劣势地区宁夏、福建和吉林发展提速，尤其是宁夏多项指标名列全国榜首，赢利能力的提高必然带动宁夏旅游投资的热潮；其次是福建，随着地区经济整体水平的提升，其旅游景区多项效益指标一举跃入全国前五名之列；另外吉林多项指标由负转正，增长势头明显。

（二）资产运营指标

1. 总资产周转率

总资产周转率是指企业在一定时期主营业务收入净额同平均资

产总额的比率，是综合评价企业全部资产经营质量和利用效率的重要指标。2009 年全国旅游景区的平均总资产周转率为 20.60%，前五位省区市依次为江西、福建、河北、新疆和河南，后五位依次为青海、山西、甘肃、内蒙古和黑龙江。

2. 流动资产周转率

流动资产周转率指企业一定时期内主营业务收入净额同平均流动资产总额的比率，流动资产周转率是评价企业资产利用率的另一重要指标。2009 年全国旅游景区的平均流动资产周转率为 75.91%，前五位省区市依次为河北、宁夏、辽宁、新疆和河南，后五位依次为山西、黑龙江、甘肃、上海和天津。

3. 综合分析

数据显示，景区业的资产质量有所提高，运营状况普遍好于 2008 年。政府扶植力度大，旅游发展较快，以及效益指标优良的地区，如宁夏、海南、新疆等地的资产运营状况也排名全国前列。西部、北部地区，如青海、甘肃、黑龙江、天津等地，受到自然条件限制，经营时间短，造成资产周转速度慢，普遍低于全国平均水平。

（三）偿债能力指标

1. 资产负债率

资产负债率是全部负债总额除以全部资产总额的百分比，也称为债务比率。2009 年全国旅游景区的平均资产负债率为 58.65%，前五位省区市依次为河北、四川、广东、山西和天津，后五位依次为青海、吉林、黑龙江、江西和内蒙古。

2. 流动比率

流动比率是用来衡量企业流动资产在短期债务到期以前,可以变为现金用于偿还负债的能力。2009 年全国旅游景区的平均流动比率为 67.46%,前五位省区市依次为江西、海南、福建、吉林和云南,后五位依次为河北、四川、新疆、辽宁和重庆。

3. 速动比率

速动比率,又称“酸性测验比率”,是衡量企业流动资产中可以立即变现用于偿还流动负债的能力。2009 年全国旅游景区的平均速动比率为 58.17%,前五位省市依次为海南、江西、吉林、福建和湖南,后五位省市依次为河北、四川、天津、辽宁和新疆。

4. 综合分析

数据显示,2009 年全国景区业新增银行贷款 147.25 亿元,同时平均资产负债率达到 58.65%,比上年增长 11.39%,增长幅度较大,流动比率和速动比率与 2008 年基本持平,说明景区业资产状况良好,偿债能力较强。其与全国旅游业平均资产负债率、流动比率和速动比率基本持平,景区业良性发展态势明显。

(四)发展能力指标

1. 销售增长率

销售增长率是指企业本年销售增长额与上年销售额之间的比率,反映销售的增减变动情况,是评价企业成长状况和发展能力的重要指标。2009 年全国旅游景区的平均销售增长率为 16.27%，前五位省区市依次为四川、安徽、辽宁、新疆和海南，后五位依次为青海、陕西、甘肃、广东和江西。

2. 资本积累率

资本积累率即股东权益增长率，表示企业当年资本的积累能力，是评价企业发展潜力的重要指标。2009 年全国旅游景区的平均资本积累率为 18.44%，前五位省区市依次为吉林、陕西、浙江、重庆和甘肃，后五位依次为广东、内蒙古、黑龙江、北京和湖南。

3. 总资产增长率

总资产增长率是企业本年总资产增长额同年初资产总额的比率，反映企业本期资产规模的增长情况。2009 年全国旅游景区的总资产增长率为 22.69%，前五位省区市依次为吉林、重庆、四川、上海和陕西，后五位依次为安徽、天津、黑龙江、广西和辽宁。

4. 综合分析

数据显示，四川、重庆、吉林、陕西等地区旅游资本雄厚，2008 年以来景区投资规模加大，存在较大的发展动力和后劲，其中四川地区销售增长率已经跃居全国第一。北方地区，黑龙江、内蒙古、青海的发展能力指标落后于全国平均水平，受制于交通、自然条件和天气影响，上述地区缺乏投资，发展后劲堪忧。

五、旅游景区的未来发展

旅游景区作为我国旅游产业的重要组成部分，其未来发展将呈现

以下几个趋势:

1. 旅游景区合作将更加紧密

2010 年,高速增长后的旅游景区将充分发挥区域旅游“资源共享、市场共拓”的优势,心手相连,推进区域旅游的合作互动,周边城市、景区的客源互送,正是拓展国内市场、周边市场,拉动市民消费的有效之举。今后各旅游城市和旅游景区之间将会有比以往更加紧密的合作,组织开展各种城市联动、景区联动、客源互送的活动。国际区域旅游经济发展的合作化进程将大大加快,国际旅游合作、国际间的旅游城市交流活动日益频繁。除了国内景区的跨区域合作之外,相信景区的跨国合作也将成为景区合作的新形式。

2. 文化创新成为利润增长的核动力

为落实中央扩大内需的战略部署,推动文化与旅游协调发展,文化部和国家旅游局在 2010 年推出以“文化旅游、和谐共赢”为主题的“中国文化旅游主题年”系列活动。文化部和国家旅游局印发了《关于促进文化与旅游结合发展的指导意见》,要求各级文化部门和旅游部门建立相应合作协调工作机制,制定本地区文化旅游发展规划,定期通报文旅结合动态,组织本地区文化旅游企业开展紧密合作。在未来的发展中,各旅游景区将利用非物质文化遗产资源优势,大力开展文化旅游活动,开发文化旅游产品,引导文化旅游消费,以文化推动景区的旅游发展。

3. 产业的集群化效应更明显

旅游业综合性强、关联度高,直接和间接影响细分行业达上百个,旅游景区只是其中一环。随着人们物质生活水平的提高，传统的以景区为中心的旅游消费已不能满足消费者对旅游的需求。如今的旅游消费不仅直接拉动了民航、铁路、公路、商业、食宿等传统产业，对国际金融、仓储物流、信息咨询、文化创意、影视娱乐、会展博览等新型和现代服务业也发挥着重要促进作用。在国家实施应对危机、扩大内需、促进增长的战略中，旅游业巨大的发展潜力和强大的关联带动作用，受到前所未有的重视。这将促使中国旅游景区越来越密切地与其他旅游相关行业联系，相互合作，相互促进，均衡发展。

总之，旅游景区是朝阳行业，未来市场中需要更多、更好、更具特色的旅游景区产品。相信在中央和地方政府及相关部门的大力支持下，在经营管理水平不断提升、国民日益高涨的旅游热情推动下，旅游景区业将成为国民经济和社会生活中非常重要的组成部分，成为推动人民安康、社会和谐发展的积极因素之一。

作者：徐　佳　首旅集团东来顺集团　现任财务总监

原首旅宁夏沙湖景区　财务总监

首旅海南南山观音苑景区　副总经理

李　伟　深圳华侨城集团北京欢乐谷　财务总监

附　　表

2009 年度全国旅游行业经济效益

地区	财务效益状况				资产营运状况		
	净资产收益率（%）	总资产报酬率（%）	主营业务利润率（%）	成本费用利润率（%）	总资产周转率（%）	流动资产周转率（%）	存货周转率（次）
全　国	0.96	0.35	0.91	0.91	52.00	167.77	16.32
北　京	3.25	1.24	2.54	2.57	57.39	153.81	11.39
天　津	-6.54	-1.97	-5.57	-5.27	45.97	110.89	5.00
河　北	-7.16	-1.76	-5.11	-4.75	34.20	185.59	17.47
山　西	-0.90	-0.29	-1.04	-1.03	45.11	164.82	16.23
内蒙古	4.59	2.35	5.25	5.54	51.43	221.20	18.95
辽　宁	-7.06	-2.15	-6.07	-5.72	44.40	213.33	26.25
吉　林	1.28	0.50	0.72	0.72	35.20	125.48	18.69
黑龙江	-1.19	-0.50	-1.33	-1.31	44.50	164.58	21.77
上　海	-0.69	-0.27	-0.18	-0.18	68.92	209.85	20.45
江　苏	-1.55	-0.52	-0.48	-0.47	54.08	177.53	27.33
浙　江	3.46	1.17	2.60	2.65	54.03	174.49	21.74
安　徽	5.92	2.49	6.95	7.39	43.64	119.75	7.55
福　建	2.53	1.04	2.39	2.45	65.02	198.74	19.16
江　西	1.83	0.82	1.88	1.91	54.32	171.65	11.31
山　东	-0.15	-0.06	0.50	0.50	59.57	190.38	17.78

评价主要财务指标表(全部旅游企业)

	偿债能力状况				发展能力状况		
应收账款周转率(次)	资产负债率(%)	流动比率(%)	速动比率(%)	长期资产适合率(%)	销售增长率(%)	资本积累率(%)	总资产增长率(%)
17.19	63.99	72.07	65.17	115.66	6.43	7.59	10.54
14.23	61.85	90.76	77.42	127.65	-6.81	1.67	0.99
10.89	69.86	76.92	61.53	116.39	5.42	2.54	2.90
10.02	75.85	29.50	26.45	59.88	3.08	6.61	11.10
11.8	68.47	54.88	49.33	84.93	17.26	5.48	6.68
9.71	50.49	59.66	53.84	117.10	30.62	13.44	22.59
25.00	69.73	40.41	36.76	68.88	12.48	5.38	6.17
16.21	56.91	64.94	60.53	94.01	29.12	52.96	22.16
13.83	58.40	58.65	54.04	83.97	5.81	2.29	2.34
25.19	61.68	79.15	70.98	112.08	-3.58	2.36	7.33
15.76	67.29	69.18	64.44	113.99	1.82	11.04	15.46
24.75	66.38	70.48	65.49	126.45	5.66	13.74	15.52
13.59	58.09	92.28	81.81	128.23	14.78	6.25	6.66
16.51	58.41	84.97	78.74	127.54	11.62	12.50	8.66
20.12	56.25	92.49	80.37	137.09	11.46	9.60	14.54
19.86	59.24	78.90	70.49	104.90	3.94	3.37	3.10

地　区	财务效益状况				资产营运状况		
	净资产收益率（%）	总资产报酬率（%）	主营业务利润率（%）	成本费用利润率（%）	总资产周转率（%）	流动资产周转率（%）	存货周转率（次）
河　南	-4.05	-1.29	-2.52	-2.45	40.76	155.59	15.08
湖　北	-1.98	-0.81	-3.44	-3.31	41.50	169.36	15.22
湖　南	2.40	0.92	1.86	1.87	51.28	183.89	18.33
广　东	-1.02	-0.28	-0.54	-0.54	54.11	150.15	35.49
广　西	1.16	0.43	1.55	1.56	47.43	185.15	41.95
海　南	13.62	4.35	8.23	8.97	57.73	161.66	19.99
重　庆	1.43	0.67	1.68	1.65	36.73	139.58	12.33
四　川	1.06	0.41	1.02	1.03	37.54	128.42	11.88
贵　州	13.22	4.74	7.93	8.61	65.22	190.28	21.33
云　南	-7.13	-3.38	-6.02	-5.66	49.67	165.36	7.90
陕　西	0.31	0.06	0.10	0.10	48.00	136.14	9.74
甘　肃	-2.68	-1.31	-4.03	-3.87	35.78	140.87	12.24
青　海	2.91	1.68	4.67	4.90	31.84	74.90	1.67
宁　夏	3.63	1.68	3.60	3.74	44.82	248.32	22.29
新　疆	-6.61	-3.00	-10.11	-9.19	34.87	146.00	15.32
西　藏	-1.71	-1.29	-15.17	-13.17	10.91	125.46	6.12

续表

应收账款周转率(次)	偿债能力状况				发展能力状况		
	资产负债率(%)	流动比率(%)	速动比率(%)	长期资产适合率(%)	销售增长率(%)	资本积累率(%)	总资产增长率(%)
8.52	68.49	57.42	51.71	94.36	11.50	7.25	9.59
15.03	58.87	64.99	56.50	112.02	13.72	8.36	8.10
19.44	62.65	59.29	53.38	93.01	28.59	9.22	15.07
13.74	73.02	82.40	79.42	130.33	3.30	4.13	12.13
14.28	63.12	69.89	66.93	119.63	10.84	0.15	2.72
16.45	71.38	76.64	71.31	104.36	13.24	-18.18	1.07
27.98	55.17	95.95	85.76	227.09	13.17	9.94	19.68
23.72	62.18	65.08	59.33	103.05	43.82	1.11	5.63
12.44	63.17	72.36	66.83	95.90	32.33	19.66	13.08
20.14	53.07	88.61	68.17	125.34	15.64	14.01	16.35
12.73	82.03	68.70	56.97	88.24	5.79	-5.63	12.98
7.87	50.69	68.56	60.62	104.07	24.29	11.86	9.78
4.60	48.48	83.52	76.72	104.62	18.75	-34.69	-20.32
18.19	52.76	49.51	44.58	93.60	12.86	10.62	6.35
14.25	55.02	55.89	50.28	82.20	4.43	0.78	2.51
4.79	25.00	59.32	46.35	99.48	63.43	-2.24	-1.30

2009 年度全国旅游行业经济效益

地　区	财务效益状况				资产营运状况		
	净资产收益率（%）	总资产报酬率（%）	主营业务利润率（%）	成本费用利润率（%）	总资产周转率（%）	流动资产周转率（%）	存货周转率（次）
全　国	8.79	3.59	1.37	1.39	310.10	457.27	—
北　京	11.34	5.04	3.01	3.09	224.47	357.78	—
天　津	-2.67	-0.80	-0.46	-0.46	243.84	374.88	—
河　北	-0.51	-0.35	0.23	0.23	274.51	323.35	—
山　西	8.07	4.70	1.81	1.84	228.59	301.53	—
内蒙古	3.75	2.61	1.15	1.17	257.73	381.65	—
辽　宁	5.85	2.44	1.11	1.13	338.67	509.33	—
吉　林	-3.19	-1.85	-0.56	-0.56	229.56	298.70	—
黑龙江	7.46	4.17	1.57	1.59	377.44	457.91	—
上　海	15.22	5.92	1.87	1.87	339.26	488.83	—
江　苏	9.13	3.22	0.83	0.84	410.76	540.13	—
浙　江	8.30	3.03	0.64	0.64	472.47	626.36	—
安　徽	8.04	4.14	1.15	1.16	424.90	572.80	—
福　建	5.98	2.11	0.50	0.50	457.31	647.78	—
江　西	0.33	0.19	-0.10	-0.10	379.91	504.35	—
山　东	5.46	2.04	1.16	1.18	249.24	454.40	—

评价主要财务指标表(全部旅行社)

	偿债能力状况				发展能力状况		
应收账款周转率(次)	资产负债率(%)	流动比率(%)	速动比率(%)	长期资产适合率(%)	销售增长率(%)	资本积累率(%)	总资产增长率(%)
23.39	59.09	129.72	122.72	187.40	9.38	14.15	13.47
17.74	54.77	128.68	108.82	200.56	1.21	15.02	10.77
33.76	71.62	96.84	96.66	97.14	11.74	4.50	17.31
32.53	29.40	294.05	292.45	543.96	9.79	7.10	-0.35
17.19	41.02	199.09	195.90	350.19	3.77	17.41	14.17
15.13	29.60	226.07	224.07	257.34	27.26	20.89	17.48
27.13	57.70	125.73	124.40	166.02	17.96	17.63	14.19
19.81	41.22	197.35	196.39	377.66	14.79	18.58	14.40
24.80	43.72	200.78	199.84	499.96	-2.29	10.00	8.47
24.69	58.30	120.58	120.46	136.80	5.98	39.99	19.24
25.40	63.84	140.20	131.15	238.93	1.12	23.87	17.47
29.78	63.46	126.89	126.29	197.45	14.80	18.28	18.13
22.96	47.37	158.75	157.68	255.69	14.00	16.27	11.12
27.03	62.68	118.95	118.53	160.29	18.56	29.96	14.76
26.89	40.47	222.48	221.46	325.14	19.60	11.90	10.71
29.50	60.93	130.54	129.52	151.71	21.11	9.74	-0.32

地　区	财务效益状况				资产营运状况		
	净资产收益率（%）	总资产报酬率（%）	主营业务利润率（%）	成本费用利润率（%）	总资产周转率（%）	流动资产周转率（%）	存货周转率（次）
河　南	3.04	2.01	0.90	0.91	244.44	326.24	—
湖　北	0.84	0.44	0.24	0.24	225.80	454.68	—
湖　南	7.90	4.25	0.69	0.69	758.44	994.37	—
广　东	10.72	3.77	1.24	1.25	299.29	425.76	—
广　西	12.86	4.27	0.92	0.93	462.24	649.42	—
海　南	-6.51	0.93	0.30	0.31	300.32	380.02	—
重　庆	3.98	0.75	0.20	0.20	446.87	640.02	—
四　川	0.68	0.28	0.09	0.09	486.50	594.07	—
贵　州	-9.44	-4.06	-1.16	-1.15	354.42	470.60	—
云　南	7.50	2.47	0.40	0.40	513.29	685.59	—
陕　西	-2.90	-1.23	-0.46	-0.46	319.29	400.93	—
甘　肃	-17.93	-8.41	-8.19	-7.55	111.94	188.82	—
青　海	27.13	16.21	11.16	12.56	145.86	202.85	—
宁　夏	-8.64	-3.43	0.09	0.09	425.97	554.81	—
新　疆	-5.86	-2.85	-3.02	-2.94	156.20	215.01	—
西　藏	—	—	—	—	—	—	—

续表

	偿债能力状况				发展能力状况		
应收账款周转率(次)	资　产负债率(%)	流动比率(%)	速动比率(%)	长期资产适合率(%)	销　售增长率(%)	资　本积累率(%)	总资产增长率(%)
17.64	33.64	246.55	240.60	348.66	13.27	11.01	10.62
39.01	48.17	120.69	118.42	137.11	22.89	-0.90	1.57
50.40	46.60	168.85	167.59	321.47	50.37	22.15	24.45
28.71	66.31	119.10	118.58	179.36	7.12	6.61	16.50
27.54	70.20	117.47	116.43	275.33	9.04	-11.00	10.28
12.33	134.70	136.29	134.91	358.41	6.35	—	4.33
45.93	86.09	93.40	92.88	100.29	30.92	-13.37	72.13
43.34	61.22	138.95	138.15	253.96	65.38	1.15	15.54
18.27	58.51	135.87	134.86	239.27	29.48	4.72	12.87
22.43	68.06	116.11	114.01	177.58	6.87	4.28	11.39
14.46	57.08	146.86	145.98	317.28	-2.04	11.75	8.36
8.22	54.30	130.21	123.21	144.61	26.55	-1.48	3.75
13.51	37.64	204.54	202.11	277.02	42.50	70.29	52.26
28.50	60.89	141.51	139.90	232.85	32.23	7.60	10.83
11.30	46.45	158.53	157.99	218.72	-18.81	17.20	-3.87
—	—	—	—	—	—	—	—

2009 年度全国旅游行业经济效益

地区	财务效益状况				资产营运状况		
	净资产收益率（%）	总资产报酬率（%）	主营业务利润率（%）	成本费用利润率（%）	总资产周转率（%）	流动资产周转率（%）	存货周转率（次）
全国	11.93	4.44	1.86	1.88	288.08	449.97	—
北京	11.78	5.28	3.22	3.32	218.94	356.40	—
天津	-4.76	-1.12	-0.41	-0.41	247.84	348.35	—
河北	-4.58	-2.18	0.19	0.19	386.93	466.32	—
山西	-4.56	-2.00	-0.88	-0.88	303.28	415.50	—
内蒙古	7.32	4.46	2.24	2.29	260.11	413.09	—
辽宁	14.45	6.43	1.17	1.18	753.07	—	—
吉林	5.95	2.23	1.12	1.13	321.28	449.08	—
黑龙江	13.30	7.22	1.99	2.03	487.35	594.14	—
上海	17.93	7.36	3.00	3.01	254.54	411.22	—
江苏	15.54	3.39	0.81	0.82	426.52	546.00	—
浙江	13.24	2.97	0.72	0.73	469.56	571.42	—
安徽	13.33	5.57	1.85	1.88	391.57	594.33	—
福建	10.56	3.04	0.69	0.69	477.21	708.27	—
江西	1.44	0.73	-0.01	—	379.48	479.36	—
山东	22.02	4.46	2.16	2.20	264.13	669.18	—

评价主要财务指标表（经营出境游旅行社）

	偿债能力状况				发展能力状况		
应收账款周转率（次）	资产负债率（%）	流动比率（%）	速动比率（%）	长期资产适合率（%）	销售增长率（%）	资本积累率（%）	总资产增长率（%）
23.57	62.64	117.28	108.47	159.73	6.40	13.56	12.83
18.67	54.65	127.02	106.16	195.14	0.97	13.60	10.82
32.51	79.49	93.56	93.42	86.85	-0.48	-8.96	20.23
52.89	51.21	169.31	169.11	429.69	-2.95	-0.82	-5.68
16.22	57.08	146.26	144.64	271.72	-3.66	-1.57	3.04
11.41	34.64	184.64	183.41	251.11	2.85	20.90	4.41
50.11	51.68	139.53	137.96	219.24	15.16	26.61	5.98
31.49	60.81	124.80	123.97	227.65	13.51	25.72	13.82
27.43	45.49	190.84	190.52	534.46	-4.15	11.56	10.55
28.53	55.33	111.31	111.26	114.91	-2.41	46.94	20.85
22.55	77.25	125.39	112.61	232.62	0.18	45.38	31.72
23.33	76.64	112.29	112.08	194.39	12.76	27.27	16.80
32.65	55.67	121.10	120.94	154.08	9.53	17.15	3.29
28.50	68.22	103.32	103.10	119.08	19.44	45.22	15.66
18.27	47.85	172.90	171.89	311.92	11.19	7.64	2.15
32.15	77.42	82.34	81.31	95.22	30.80	20.43	-4.02

地 区	财务效益状况				资产营运状况		
	净资产收益率(%)	总资产报酬率(%)	主营业务利润率(%)	成本费用利润率(%)	总资产周转率(%)	流动资产周转率(%)	存货周转率(次)
河 南	1.07	0.35	0.14	0.14	336.63	543.25	—
湖 北	-1.70	-0.83	-0.31	-0.31	185.97	468.86	—
湖 南	20.62	8.92	0.92	0.93	—	—	—
广 东	13.32	4.52	1.42	1.43	311.72	447.30	—
广 西	27.30	7.76	1.45	1.47	533.10	729.33	—
海 南	-4.50	1.68	0.71	0.72	230.57	305.45	—
重 庆	26.60	2.92	0.85	0.86	383.93	552.36	—
四 川	-7.14	-2.25	-0.33	-0.33	609.25	758.13	—
贵 州	-27.86	-8.10	-1.99	-1.95	399.99	589.79	—
云 南	4.65	1.41	0.20	0.20	546.17	752.94	—
陕 西	-8.37	-2.32	-0.89	-0.88	324.59	427.69	—
甘 肃	-1.97	-0.80	-0.90	-0.88	87.23	187.36	—
青 海	-2.35	-0.91	-0.75	-0.74	115.74	176.05	—
宁 夏	-26.94	-5.78	0.84	0.85	522.89	616.66	—
新 疆	-4.47	-2.00	-1.36	-1.34	194.48	282.81	—
西 藏	—	—	—	—	—	—	—

续表

	偿债能力状况				发展能力状况		
应收账款周转率(次)	资产负债率(%)	流动比率(%)	速动比率(%)	长期资产适合率(%)	销售增长率(%)	资本积累率(%)	总资产增长率(%)
20. 21	66. 85	113. 66	113. 07	168. 00	17. 42	12. 99	11. 93
63. 20	52. 77	95. 00	93. 55	107. 08	23. 04	-9. 92	-4. 60
91. 57	52. 43	137. 98	137. 37	193. 43	79. 46	65. 99	31. 12
29. 14	67. 18	111. 63	111. 30	160. 18	6. 97	7. 86	15. 69
27. 60	74. 83	111. 25	111. 03	284. 11	6. 30	-22. 37	-2. 49
9. 66	170. 08	126. 71	125. 02	302. 90	-0. 02	—	-5. 69
45. 84	93. 38	94. 09	93. 95	82. 58	27. 74	-35. 20	—
47. 81	72. 44	114. 16	113. 62	164. 05	80. 20	-12. 53	13. 96
20. 87	74. 51	96. 21	95. 98	117. 44	14. 79	-18. 84	4. 49
26. 12	70. 90	108. 20	105. 13	145. 58	5. 39	3. 42	12. 45
12. 22	73. 62	107. 12	106. 87	160. 30	-16. 47	-8. 24	1. 32
6. 39	57. 89	98. 44	97. 61	107. 05	-3. 91	3. 29	-3. 22
8. 13	64. 34	106. 02	105. 83	127. 50	19. 03	-0. 66	17. 95
50. 95	80. 62	108. 02	106. 79	166. 35	29. 03	-8. 43	12. 31
18. 92	48. 48	142. 29	141. 60	171. 01	-16. 35	38. 70	1. 51
—	—	—	—	—	—	—	—

2009 年度全国旅游行业经济效益

地区	财务效益状况				资产营运状况		
	净资产收益率（%）	总资产报酬率（%）	主营业务利润率（%）	成本费用利润率（%）	总资产周转率（%）	流动资产周转率（%）	存货周转率（次）
全国	2.75	1.37	0.38	0.38	375.11	484.21	—
北京	-0.82	-0.30	0.02	0.02	345.47	378.01	—
天津	-0.49	-0.21	-0.57	-0.57	235.42	439.25	—
河北	0.10	0.08	0.21	0.21	237.99	278.38	—
山西	12.41	7.91	3.80	3.95	195.14	256.06	—
内蒙古	1.40	1.04	0.38	0.39	255.94	360.95	—
辽宁	1.50	0.60	0.98	0.99	149.86	233.51	—
吉林	-6.54	-4.67	-2.77	-2.69	168.75	210.27	—
黑龙江	-2.55	-1.50	-0.67	-0.67	172.99	207.99	—
上海	8.04	2.74	0.65	0.66	525.89	611.98	—
江苏	5.86	3.02	0.85	0.85	391.77	532.62	—
浙江	6.74	3.08	0.59	0.59	471.53	664.79	—
安徽	6.18	3.51	0.86	0.87	441.03	563.38	—
福建	-0.97	-0.52	-0.15	-0.15	401.31	503.74	—
江西	-0.32	-0.21	-0.16	-0.16	380.34	523.28	—
山东	-3.64	-2.51	-1.05	-1.04	222.18	266.64	—

评价主要财务指标表(经营非出境游旅行社)

	偿债能力状况				发展能力状况		
应收账款周转率(次)	资产负债率(%)	流动比率(%)	速动比率(%)	长期资产适合率(%)	销售增长率(%)	资本积累率(%)	总资产增长率(%)
23.03	49.83	163.83	162.24	290.32	16.04	15.69	14.54
10.50	57.41	160.23	159.49	719.06	4.71	62.61	9.77
36.30	56.61	105.32	105.01	108.85	46.58	20.38	11.94
27.11	23.45	367.59	365.15	573.54	15.50	8.83	1.20
17.77	35.12	225.88	221.63	366.66	11.62	25.04	20.07
18.89	27.08	254.48	251.91	261.23	48.00	21.68	26.54
13.18	60.41	120.21	118.96	147.13	23.29	14.79	18.71
13.33	28.17	299.59	298.47	500.09	16.70	15.84	14.52
16.50	40.36	223.30	220.98	450.73	8.78	7.38	4.71
21.58	64.97	137.13	136.90	327.08	16.67	23.28	15.79
30.45	45.68	169.84	168.23	244.57	2.38	14.28	2.46
36.13	54.94	140.43	139.46	197.78	15.95	15.64	18.84
20.24	43.16	183.14	181.46	338.66	17.21	16.29	16.00
23.06	46.84	185.80	184.55	405.83	15.72	10.17	12.27
40.60	35.56	283.48	282.45	333.02	26.82	14.46	17.44
24.86	31.74	272.19	271.21	576.12	4.00	4.31	6.92

地　区	财务效益状况				资产营运状况		
	净资产收益率（%）	总资产报酬率（%）	主营业务利润率（%）	成本费用利润率（%）	总资产周转率（%）	流动资产周转率（%）	存货周转率（次）
河　南	3.44	2.78	1.47	1.49	205.21	255.18	—
湖　北	5.05	3.05	0.93	0.94	307.55	438.22	—
湖　南	4.41	2.55	0.53	0.53	613.15	767.24	—
广　东	-3.06	-1.15	-0.38	-0.38	359.53	517.17	—
广　西	-3.06	-1.25	-0.35	-0.35	348.88	517.46	—
海　南	-2.20	-1.03	-0.21	-0.21	487.46	550.79	—
重　庆	-8.80	-2.83	-0.54	-0.54	551.14	783.51	—
四　川	6.96	3.81	1.23	1.25	320.10	382.36	—
贵　州	-1.16	-0.64	-0.27	-0.27	317.29	388.84	—
云　南	10.96	4.04	0.76	0.77	464.87	593.72	—
陕　西	-0.63	-0.35	-0.11	-0.11	314.06	378.80	—
甘　肃	-26.83	-13.53	-11.56	-10.36	128.21	190.01	—
青　海	39.89	31.00	18.06	22.02	172.17	222.97	—
宁　夏	-3.47	-1.81	-0.67	-0.66	359.44	504.29	—
新　疆	-7.78	-4.31	-9.18	-8.43	90.38	113.94	—
西　藏	—	—	—	—	—	—	—

续表

	偿债能力状况				发展能力状况		
应收账款周转率(次)	资产负债率(%)	流动比率(%)	速动比率(%)	长期资产适合率(%)	销售增长率(%)	资本积累率(%)	总资产增长率(%)
16.28	18.91	430.34	416.84	457.53	10.34	10.80	10.20
26.44	39.57	179.63	175.47	251.01	22.71	16.10	15.55
38.48	44.40	182.11	180.57	413.42	35.25	12.55	22.11
26.88	63.87	114.61	112.56	172.00	9.76	-1.26	7.65
26.54	63.96	127.24	124.80	262.59	15.77	2.61	34.41
19.01	55.40	162.28	161.72	511.83	15.70	21.57	37.13
46.04	72.92	91.97	90.69	131.78	34.80	1.72	49.66
34.75	46.24	191.93	190.56	407.07	36.03	13.23	18.00
16.05	45.82	184.76	182.75	433.72	48.81	17.67	20.84
18.03	63.83	129.45	129.00	239.36	9.52	5.33	9.85
17.34	43.30	205.27	203.43	514.25	16.36	22.16	14.94
9.35	52.57	149.27	138.22	180.31	48.19	-3.91	8.76
21.90	18.80	437.81	430.06	447.02	62.31	119.52	92.11
19.79	47.20	190.71	188.56	255.28	35.58	12.62	9.83
4.54	42.70	193.62	193.40	402.91	-26.76	-6.89	-12.48
—	—	—	—	—	—	—	—

2009年度全国旅游行业经济效益

地区	财务效益状况				资产营运状况		
	净资产收益率（%）	总资产报酬率（%）	主营业务利润率（%）	成本费用利润率（%）	总资产周转率（%）	流动资产周转率（%）	存货周转率（次）
全国	-1.59	-0.53	-1.31	-1.28	35.89	129.42	14.20
北京	-0.49	-0.17	0.04	0.04	32.46	111.25	5.20
天津	-10.89	-3.16	-11.40	-10.22	32.41	92.63	21.05
河北	-8.83	-2.42	-6.90	-6.45	32.87	158.81	15.38
山西	8.53	2.63	5.60	5.93	42.65	177.02	14.62
内蒙古	-4.93	-1.87	-3.79	-3.65	39.67	190.42	12.17
辽宁	-8.15	-2.50	-7.69	-7.14	33.21	179.78	19.03
吉林	-2.17	-0.61	-3.64	-3.51	32.84	150.45	16.62
黑龙江	-4.78	-1.58	-4.06	-3.92	32.03	163.97	13.65
上海	-4.85	-1.85	-5.79	-5.43	30.48	120.80	23.41
江苏	-3.71	-1.11	-2.40	-2.33	35.56	126.33	21.47
浙江	3.84	1.15	2.94	2.99	47.34	147.79	28.27
安徽	-0.90	-0.31	-0.46	-0.45	30.90	96.55	21.64
福建	-0.12	-0.05	0.66	0.67	41.06	140.92	19.82
江西	-0.41	-0.16	-0.58	-0.57	32.82	128.36	12.74
山东	-2.98	-1.12	-3.00	-2.91	39.34	135.26	13.30

评价主要财务指标表(全部旅游饭店)

应收账款周转率(次)	偿债能力状况				发展能力状况		
	资产负债率(%)	流动比率(%)	速动比率(%)	长期资产适合率(%)	销售增长率(%)	资本积累率(%)	总资产增长率(%)
14.45	67.61	61.96	56.50	98.37	-0.78	1.82	5.82
37.46	66.25	66.50	51.37	103.70	-21.31	-4.70	-1.37
12.51	71.35	67.88	64.52	119.54	-5.29	-2.30	0.45
8.26	73.19	35.45	31.71	56.86	5.62	5.65	11.01
10.91	69.93	50.52	44.81	78.87	32.13	-0.11	5.34
8.74	59.89	47.81	41.11	88.58	11.73	47.94	29.83
25.56	69.51	35.59	31.88	66.43	10.04	3.24	4.82
12.56	72.48	36.01	32.70	61.31	28.32	1.02	3.98
12.24	66.61	39.16	34.46	67.49	11.69	3.46	0.90
25.47	62.96	62.24	58.90	103.49	-19.70	-5.39	0.52
12.20	70.60	60.46	56.73	107.03	-3.01	4.95	9.55
21.04	70.74	65.86	62.75	104.22	0.43	3.07	8.75
9.32	65.40	68.07	65.10	101.15	12.64	19.79	16.73
15.63	60.81	76.34	70.95	117.74	3.92	9.46	8.78
13.66	61.32	70.93	64.69	123.36	7.94	15.32	13.88
14.04	63.03	67.74	60.62	94.63	5.86	-1.11	2.24

地区	财务效益状况				资产营运状况		
	净资产收益率（%）	总资产报酬率（%）	主营业务利润率（%）	成本费用利润率（%）	总资产周转率（%）	流动资产周转率（%）	存货周转率（次）
河南	-12.30	-3.18	-9.41	-8.59	32.08	131.27	11.76
湖北	-4.13	-1.43	-9.59	-8.70	29.80	147.84	11.06
湖南	-0.06	-0.02	-0.06	-0.05	32.38	125.21	18.76
广东	-1.02	-0.26	-0.79	-0.79	36.41	105.08	23.95
广西	-7.34	-2.19	-5.58	-5.29	37.00	178.49	33.24
海南	13.63	4.77	12.48	14.25	39.33	120.14	20.85
重庆	3.13	0.89	2.29	2.33	36.21	110.19	18.42
四川	3.47	1.39	4.16	4.35	37.49	159.67	19.24
贵州	5.95	1.97	5.10	5.37	47.16	172.38	15.49
云南	-1.17	-0.56	-1.24	-1.22	29.38	119.75	11.96
陕西	-6.26	-2.95	-8.23	-7.59	36.33	139.28	16.53
甘肃	-1.51	-0.76	-2.50	-2.44	32.08	155.81	13.34
青海	-0.62	-0.33	-1.87	-1.83	25.54	63.44	1.52
宁夏	-7.10	-2.73	-7.03	-6.56	33.61	190.65	12.06
新疆	-6.52	-2.99	-9.36	-8.57	31.82	140.05	12.88
西藏	-1.80	-1.35	-13.86	-12.17	12.08	129.86	6.55

续表

	偿债能力状况				发展能力状况		
应收账款周转率(次)	资产负债率(%)	流动比率(%)	速动比率(%)	长期资产适合率(%)	销售增长率(%)	资本积累率(%)	总资产增长率(%)
5.70	75.53	46.84	41.19	79.25	6.98	-10.12	0.07
13.64	65.90	48.68	40.72	91.43	3.12	1.00	3.47
13.15	65.83	51.39	47.83	80.83	15.20	6.86	14.75
8.44	75.31	81.72	78.84	124.60	-0.80	6.56	11.17
15.33	70.74	53.25	50.55	103.32	13.21	0.02	3.83
18.16	67.19	65.46	62.14	88.55	9.83	-13.83	-2.48
23.38	71.98	87.99	83.50	124.74	-0.04	3.80	7.66
15.88	60.13	52.53	48.62	85.15	25.72	7.99	8.39
15.44	65.72	55.66	49.91	78.57	25.32	17.83	9.03
17.83	52.10	80.02	73.21	118.38	11.08	8.86	6.07
10.83	93.61	53.75	48.99	79.45	3.34	-33.09	4.25
9.21	49.55	60.28	53.65	101.35	25.63	10.68	9.58
4.44	53.41	65.62	58.04	96.71	11.55	-38.88	-22.73
10.90	61.88	37.74	31.41	76.97	-6.25	-3.80	-1.81
18.07	54.42	53.87	47.69	79.75	7.88	-0.47	0.77
4.81	25.27	58.52	46.16	99.65	65.39	-1.55	-0.73

2009 年度全国旅游行业经济效益

地区	财务效益状况				资产营运状况		
	净资产收益率（%）	总资产报酬率（%）	主营业务利润率（%）	成本费用利润率（%）	总资产周转率（%）	流动资产周转率（%）	存货周转率（次）
全国	1.28	0.44	1.82	1.84	30.48	113.56	9.05
北京	3.53	1.41	6.44	6.86	30.80	81.02	2.57
天津	-19.25	-3.59	-12.60	-11.19	38.02	90.68	25.03
河北	-18.85	-1.42	-9.80	-8.93	16.46	252.12	17.61
山西	-4.54	-2.70	-6.63	-6.22	40.30	179.47	11.20
内蒙古	-10.11	-3.24	-7.37	-6.86	45.57	774.66	22.21
辽宁	-9.51	-1.48	-4.15	-3.98	41.56	476.44	20.03
吉林	2.37	1.07	6.15	6.55	34.87	215.05	22.78
黑龙江	3.40	0.95	5.65	5.99	32.48	146.33	18.22
上海	-0.69	-0.45	-1.82	-1.78	25.07	130.04	44.39
江苏	-1.90	-0.48	-0.26	-0.26	26.74	103.84	19.29
浙江	10.49	3.67	8.99	9.60	38.08	162.28	21.23
安徽	2.39	0.69	3.58	3.72	19.52	55.86	50.66
福建	-0.43	-0.16	-0.21	-0.21	33.41	146.26	18.83
江西	1.99	0.33	1.70	1.73	22.87	75.45	26.17
山东	-0.37	-0.18	0.56	0.56	33.02	154.82	19.51

评价主要财务指标表(五星级饭店)

	偿债能力状况				发展能力状况		
应收账款周转率(次)	资产负债率(%)	流动比率(%)	速动比率(%)	长期资产适合率(%)	销售增长率(%)	资本积累率(%)	总资产增长率(%)
25.42	65.90	70.61	62.06	103.67	-9.79	0.11	3.81
37.66	61.25	114.83	79.40	125.75	-30.57	-7.44	-2.05
7.29	81.57	54.56	51.80	84.25	-17.64	-26.87	-25.23
16.05	94.37	8.42	7.30	14.87	12.00	-35.68	9.42
15.18	35.74	73.20	58.81	96.81	15.68	19.16	1.22
50.51	61.10	33.67	28.48	81.54	22.67	141.55	39.46
137.45	86.83	10.59	7.85	20.56	13.09	-24.86	2.43
44.98	54.03	56.29	51.04	91.18	10.98	6.91	3.65
35.59	70.78	50.66	46.95	80.60	13.75	3.47	-4.63
35.05	35.33	80.66	78.37	119.11	-27.76	-1.95	0.89
24.03	74.73	71.12	66.96	125.08	0.08	10.94	13.48
14.51	64.88	61.47	57.12	99.26	2.79	3.86	2.87
31.80	65.63	89.64	88.92	136.52	2.61	123.17	40.18
26.27	59.57	100.18	93.25	118.22	-4.50	37.00	10.38
28.94	84.85	98.85	96.77	179.12	14.94	12.45	35.75
28.09	52.30	72.47	66.41	101.53	1.22	-4.18	-3.93

地　区	财务效益状况				资产营运状况		
	净资产收益率（%）	总资产报酬率（%）	主营业务利润率（%）	成本费用利润率（%）	总资产周转率（%）	流动资产周转率（%）	存货周转率（次）
河　南	-19.38	-3.37	-18.50	-15.60	18.64	92.24	23.97
湖　北	1.08	0.48	-18.77	-15.40	22.18	148.06	24.95
湖　南	5.85	1.74	8.48	8.33	23.38	84.52	25.19
广　东	-2.65	-0.60	-1.47	-1.44	35.00	118.35	22.31
广　西	-20.05	-2.02	-5.14	-4.89	32.12	222.91	44.83
海　南	16.77	5.64	17.87	21.76	32.11	87.66	23.07
重　庆	6.73	1.39	6.00	6.39	29.12	73.34	15.82
四　川	12.40	7.59	17.27	20.88	45.98	166.70	22.75
贵　州	-7.77	-3.27	-6.37	-5.99	58.74	309.11	11.33
云　南	2.26	1.18	7.43	8.03	27.01	99.70	7.67
陕　西	19.57	-2.65	-8.27	-7.64	30.44	161.95	34.24
甘　肃	-30.96	-5.19	-22.78	-18.55	19.89	418.93	11.95
青　海	1.11	0.50	0.52	0.53	43.54	187.22	12.30
宁　夏	—	—	—	—	—	—	—
新　疆	-4.55	-1.42	-4.33	-4.15	29.24	124.51	10.15
西　藏	—	—	—	—	—	—	—

续表

应收账款周转率(次)	偿债能力状况				发展能力状况		
	资产负债率(%)	流动比率(%)	速动比率(%)	长期资产适合率(%)	销售增长率(%)	资本积累率(%)	总资产增长率(%)
14. 32	83. 93	39. 55	37. 39	77. 37	23. 69	-17. 67	-4. 53
33. 55	55. 52	40. 12	35. 87	83. 39	-0. 43	-9. 11	-10. 48
28. 37	71. 95	46. 47	44. 92	65. 30	0. 37	-1. 38	11. 37
22. 12	78. 75	68. 36	65. 98	112. 71	-6. 02	-8. 46	2. 17
13. 44	88. 93	45. 68	43. 58	94. 58	7. 79	24. 28	1. 79
16. 12	71. 26	68. 81	66. 75	84. 45	10. 15	-26. 32	-1. 34
69. 96	82. 01	104. 16	100. 60	141. 56	-3. 10	-13. 39	13. 69
24. 77	37. 73	88. 40	83. 67	105. 93	19. 05	9. 78	5. 89
23. 19	59. 07	34. 98	23. 24	55. 57	2. 60	-7. 48	-2. 24
48. 27	45. 80	219. 11	201. 21	159. 12	19. 91	11. 28	2. 72
31. 60	115. 13	45. 71	43. 47	71. 87	0. 77	34. 17	5. 22
21. 70	81. 91	5. 27	2. 80	29. 60	-0. 94	69. 88	39. 91
203. 36	53. 29	55. 78	44. 95	75. 56	20. 59	1. 12	-5. 79
—	—	—	—	—	—	—	—
20. 78	65. 62	56. 75	49. 72	79. 03	-0. 43	42. 08	13. 53
—	—	—	—	—	—	—	—

2009 年度全国旅游行业经济效益

地　区	财务效益状况				资产营运状况		
	净资产收益率（%）	总资产报酬率（%）	主营业务利润率（%）	成本费用利润率（%）	总资产周转率（%）	流动资产周转率（%）	存货周转率（次）
全　国	-2.82	-0.86	-2.11	-2.06	35.90	128.09	19.11
北　京	-6.75	-1.53	-4.86	-4.63	33.73	169.05	25.97
天　津	-14.09	-3.72	-15.50	-13.41	26.62	88.11	17.90
河　北	-3.28	-1.15	-3.62	-3.48	32.38	134.87	15.19
山　西	-21.27	-3.98	-14.59	-12.73	29.32	118.90	13.66
内蒙古	2.15	0.65	2.10	2.15	36.69	182.90	18.48
辽　宁	-4.20	-1.65	-6.07	-5.73	25.71	96.29	19.87
吉　林	-0.73	-0.18	-2.17	-2.12	28.18	147.89	12.07
黑龙江	-7.32	-2.08	-7.70	-7.22	25.23	148.53	9.04
上　海	-19.81	-2.92	-8.07	-7.37	30.74	106.92	10.82
江　苏	-5.10	-1.70	-4.08	-3.89	37.51	131.98	23.19
浙　江	8.18	2.58	5.92	6.21	53.93	144.48	35.54
安　徽	-4.49	-1.46	-4.27	-4.09	35.22	110.12	19.61
福　建	1.88	0.74	2.62	2.69	41.66	136.42	16.94
江　西	-1.57	-0.69	-1.99	-1.95	33.64	148.53	16.87
山　东	-4.24	-1.52	-5.01	-4.77	36.45	127.19	16.05

评价主要财务指标表(四星级饭店)

	偿债能力状况				发展能力状况		
应收账款周转率(次)	资产负债率(%)	流动比率(%)	速动比率(%)	长期资产适合率(%)	销售增长率(%)	资本积累率(%)	总资产增长率(%)
12.92	70.38	59.92	55.92	97.26	0.53	1.19	6.22
37.90	77.49	35.04	32.62	79.10	-14.84	-2.50	-1.36
16.62	74.15	67.24	63.52	141.34	2.83	0.69	5.16
7.82	66.08	48.99	44.66	76.72	-2.28	5.35	11.61
6.51	83.14	49.53	44.88	77.65	16.32	-15.32	3.61
12.30	71.56	33.01	29.85	79.40	11.35	-3.61	8.30
24.60	58.03	91.32	86.91	107.05	0.94	25.47	8.60
12.72	76.05	26.44	23.16	49.28	23.16	-9.90	-1.01
8.01	71.60	30.36	25.33	53.55	12.94	-0.47	-0.42
26.62	87.12	45.45	40.27	72.07	-17.88	-24.28	-3.13
9.28	68.23	55.31	51.97	98.68	-3.77	-3.64	5.34
32.63	69.37	82.66	79.64	125.03	0.53	4.04	10.71
9.36	69.02	59.81	56.03	87.26	17.55	-2.54	7.02
16.88	62.35	79.32	73.63	113.74	0.41	-0.58	8.28
15.45	55.04	53.13	48.52	98.92	10.92	7.47	3.59
17.90	65.01	71.26	65.58	98.69	4.10	-1.36	3.61

地　区	财务效益状况					资产营运状况	
	净资产收益率（%）	总资产报酬率（%）	主营业务利润率（%）	成本费用利润率（%）	总资产周转率（%）	流动资产周转率（%）	存货周转率（次）
河　南	-12.65	-4.25	-14.63	-12.76	26.69	119.28	15.70
湖　北	-14.17	-2.90	-10.59	-9.57	28.76	127.15	5.92
湖　南	-5.50	-2.59	-8.11	-7.50	33.84	137.47	20.62
广　东	5.45	1.38	3.90	4.05	30.78	72.10	26.72
广　西	-4.86	-2.47	-7.46	-6.94	32.76	180.07	36.43
海　南	10.52	3.03	8.54	9.34	36.53	134.27	17.53
重　庆	3.69	1.27	3.06	3.10	37.97	121.48	20.35
四　川	-0.13	-0.04	0.46	0.46	34.13	140.19	22.17
贵　州	-5.21	-1.21	0.55	0.55	43.63	175.52	15.06
云　南	-1.92	-0.93	-2.34	-2.28	30.27	122.91	21.32
陕　西	32.52	-4.70	-12.79	-11.34	35.94	143.31	14.11
甘　肃	-5.30	-2.55	-10.74	-9.69	25.78	138.38	15.85
青　海	-2.17	-1.33	-4.83	-4.61	36.35	126.01	12.96
宁　夏	-11.70	-5.19	-21.00	-17.31	20.20	148.65	8.24
新　疆	-11.31	-7.18	-32.29	-24.44	22.45	154.85	16.98
西　藏	-1.80	-1.40	-6.64	-6.22	20.78	155.55	8.46

续表

	偿债能力状况				发展能力状况		
应收账款周转率(次)	资产负债率(%)	流动比率(%)	速动比率(%)	长期资产适合率(%)	销售增长率(%)	资本积累率(%)	总资产增长率(%)
7.22	67.82	54.89	50.28	97.64	10.05	-9.46	-1.76
16.75	80.47	49.28	37.19	82.52	1.72	-2.85	6.98
14.96	54.88	61.91	57.45	101.46	10.23	-1.85	6.97
3.02	74.11	106.89	104.40	140.24	5.75	37.72	30.16
20.92	51.10	50.10	47.75	140.64	17.41	-4.25	3.28
21.29	72.44	52.92	49.14	76.56	8.18	-12.93	-5.20
24.65	64.77	92.74	87.36	128.10	2.19	9.26	4.30
17.94	71.61	43.60	41.26	61.34	35.03	12.30	14.47
20.75	74.13	46.97	41.09	78.98	36.14	42.25	10.39
19.87	52.27	68.32	64.64	109.76	17.66	14.90	19.54
18.08	118.63	52.73	46.85	89.12	1.73	87.91	2.50
6.34	49.98	77.86	71.38	101.11	16.96	10.17	1.92
17.02	33.47	63.13	54.44	133.57	4.67	1.71	-13.64
10.58	57.42	37.08	30.42	83.29	-18.09	-10.37	-3.19
16.42	38.99	37.03	32.67	73.15	4.42	-23.48	-17.89
5.87	21.97	64.18	52.06	103.52	73.87	3.21	2.37

2009年度全国旅游行业经济效益

地区	财务效益状况				资产营运状况		
	净资产收益率(%)	总资产报酬率(%)	主营业务利润率(%)	成本费用利润率(%)	总资产周转率(%)	流动资产周转率(%)	存货周转率(次)
全国	-4.49	-1.53	-3.87	-3.72	40.68	146.61	15.97
北京	-5.01	-2.10	-7.52	-6.98	33.71	162.60	32.45
天津	-5.85	-2.30	-6.94	-6.48	36.32	97.46	21.77
河北	-2.85	-0.98	-3.53	-3.41	44.84	139.59	12.39
山西	0.38	0.14	0.24	0.25	41.73	189.69	16.86
内蒙古	-5.66	-2.56	-1.78	-1.75	41.27	156.21	7.73
辽宁	-16.24	-5.16	-17.48	-14.88	29.33	170.54	16.17
吉林	-12.28	-2.44	-13.06	-11.56	36.71	113.65	22.48
黑龙江	-8.75	-3.88	-10.08	-9.14	37.98	208.20	19.10
上海	-12.87	-4.09	-10.39	-9.29	34.91	110.68	35.80
江苏	-3.26	-1.01	-1.63	-1.60	52.28	159.56	21.99
浙江	-4.77	-1.32	-2.99	-2.90	44.17	146.15	27.55
安徽	0.45	0.19	2.64	2.53	36.06	124.93	19.21
福建	0.99	0.47	1.99	2.03	47.33	146.06	22.69
江西	-2.22	-0.95	-3.52	-3.40	36.52	150.45	14.46
山东	-3.21	-0.86	-1.83	-1.79	51.11	134.35	9.72

评价主要财务指标表（三星级饭店）

	偿债能力状况				发展能力状况		
应收账款周转率（次）	资产负债率（%）	流动比率（%）	速动比率（%）	长期资产适合率（%）	销售增长率（%）	资本积累率（%）	总资产增长率（%）
12.06	66.50	54.97	50.34	90.30	4.97	1.90	5.34
33.46	57.89	37.97	35.62	92.21	-1.77	2.57	1.72
17.69	63.08	85.12	81.52	119.83	-3.95	-0.73	12.99
6.34	64.11	62.00	54.88	82.51	13.99	22.62	12.03
12.73	65.67	45.67	40.73	75.27	19.07	-3.77	8.47
7.64	52.94	58.37	47.35	97.82	1.21	42.71	30.46
11.23	70.16	32.19	27.70	70.96	6.60	-7.84	4.14
8.27	80.46	48.56	45.84	59.04	53.88	4.24	8.20
11.74	56.15	40.36	35.65	77.96	9.64	4.76	7.46
16.21	69.34	66.49	64.33	99.24	-8.68	-4.09	3.02
10.98	69.54	52.19	48.33	76.11	-7.23	1.72	5.56
18.66	73.23	53.25	50.63	87.35	-1.67	1.03	8.32
6.45	58.94	57.84	53.42	94.39	13.02	-1.24	10.30
13.54	51.69	75.36	70.74	127.22	13.78	9.47	6.82
9.10	55.31	59.51	53.48	103.59	9.17	24.04	12.46
9.20	73.46	62.59	53.82	77.56	9.35	4.39	5.62

地　区	财务效益状况				资产营运状况		
	净资产收益率（%）	总资产报酬率（%）	主营业务利润率（%）	成本费用利润率（%）	总资产周转率（%）	流动资产周转率（%）	存货周转率（次）
河　南	-14.11	-2.32	-5.73	-5.41	38.39	138.51	7.56
湖　北	-3.03	-1.17	-4.65	-4.44	38.82	168.82	18.59
湖　南	-5.70	-1.83	-5.08	-4.83	39.24	158.73	16.70
广　东	-4.16	-1.12	-2.83	-2.74	44.84	151.26	22.46
广　西	-11.83	-2.45	-4.75	-4.54	53.09	209.15	25.13
海　南	-6.98	-2.46	-7.42	-6.90	34.10	200.79	18.34
重　庆	-3.91	-1.33	-4.50	-4.31	43.28	159.26	20.30
四　川	-3.53	-1.24	-3.05	-2.99	41.29	215.44	18.72
贵　州	14.44	4.62	10.04	11.16	47.36	196.37	16.90
云　南	-3.85	-1.60	-5.63	-5.32	28.82	125.47	10.35
陕　西	-6.44	-1.85	-5.00	-4.74	37.04	121.50	15.83
甘　肃	1.46	0.80	2.32	2.37	32.69	141.82	12.44
青　海	0.32	0.20	0.65	0.65	17.54	30.28	0.45
宁　夏	-2.82	-0.96	-2.29	-2.24	42.38	201.48	15.01
新　疆	-4.08	-1.92	-4.97	-4.73	39.43	148.19	13.27
西　藏	-1.81	-1.32	-34.31	-25.55	5.53	88.49	4.35

续表

应收账款周转率(次)	偿债能力状况				发展能力状况		
	资产负债率(%)	流动比率(%)	速动比率(%)	长期资产适合率(%)	销售增长率(%)	资本积累率(%)	总资产增长率(%)
5.35	85.27	43.37	34.90	65.65	6.23	-18.01	1.47
8.98	60.14	53.73	48.86	99.50	5.93	14.41	7.75
9.88	68.61	53.96	48.84	88.20	20.53	-0.07	4.96
16.67	73.07	66.74	62.30	119.16	0.49	2.57	3.07
12.56	79.99	47.43	43.83	69.34	11.84	-2.83	3.98
28.64	65.26	40.45	36.23	93.32	17.31	5.72	8.77
13.78	66.20	77.88	72.25	118.55	5.82	7.33	8.97
15.54	65.69	42.23	37.18	82.77	30.06	2.90	7.43
16.29	67.68	50.16	45.32	71.60	18.78	8.13	5.76
11.38	56.72	62.58	55.09	106.83	7.22	2.50	-5.82
7.40	72.52	55.23	50.83	74.84	3.71	-3.45	5.11
10.85	45.74	64.39	57.64	117.34	26.54	4.71	5.87
10.13	61.54	74.19	64.79	81.88	27.38	-70.20	-41.08
10.31	65.23	39.46	33.45	72.62	-1.37	3.14	-0.63
17.59	52.82	58.06	51.44	82.56	15.50	3.25	2.86
3.19	27.83	51.33	38.64	97.12	45.33	-5.21	-3.00

2009 年度全国旅游行业经济效益

地区	财务效益状况				资产营运状况		
	净资产收益率（%）	总资产报酬率（%）	主营业务利润率（%）	成本费用利润率（%）	总资产周转率（%）	流动资产周转率（%）	存货周转率（次）
全　国	3.73	1.44	2.83	2.90	48.05	162.79	17.18
北　京	-10.26	-3.01	-5.41	-5.13	55.98	190.73	31.51
天　津	-2.69	-1.32	-4.93	-4.70	25.24	76.62	20.93
河　北	-24.22	-9.29	-18.90	-15.89	48.34	295.89	34.32
山　西	—	—	—	—	—	—	19.02
内蒙古	-5.08	-2.24	-11.42	-10.20	32.07	112.44	10.95
辽　宁	-9.34	-1.93	-8.20	-7.58	31.69	129.68	36.26
吉　林	-22.67	-3.79	-7.72	-7.17	59.52	261.52	26.66
黑龙江	-2.08	-0.81	-3.33	-3.22	55.68	175.17	15.00
上　海	-16.86	-5.46	-17.01	-14.49	31.77	111.80	30.29
江　苏	-1.70	-0.39	-0.65	-0.65	41.71	111.77	19.48
浙　江	-2.11	-0.65	-0.66	-0.65	59.39	179.44	27.88
安　徽	-3.51	-0.86	-4.44	-4.25	40.73	131.42	15.32
福　建	2.45	1.18	2.76	2.84	53.13	125.60	21.64
江　西	5.73	3.40	13.46	15.56	26.68	89.45	2.07
山　东	-15.72	-2.70	-6.09	-5.74	47.81	120.05	18.78

评价主要财务指标表(二星级饭店)

	偿债能力状况				发展能力状况		
应收账款周转率(次)	资产负债率(%)	流动比率(%)	速动比率(%)	长期资产适合率(%)	销售增长率(%)	资本积累率(%)	总资产增长率(%)
9.76	61.26	62.49	56.87	97.13	11.58	11.46	10.95
—	73.69	55.39	51.92	87.25	5.79	-30.57	-15.97
57.49	54.89	52.99	50.83	102.45	13.24	31.40	60.81
9.98	65.08	37.48	33.77	88.28	31.82	10.50	36.15
23.09	70.20	54.94	49.17	69.00	—	23.57	11.66
2.80	57.58	56.34	50.13	92.79	21.19	38.08	51.72
8.26	81.23	44.54	42.98	68.57	-6.46	-16.56	0.26
9.16	79.01	28.56	25.39	40.09	38.41	—	36.50
10.33	60.27	54.15	47.80	62.17	8.89	19.10	13.47
29.37	67.21	65.86	62.82	111.22	-8.74	-2.30	-4.74
11.79	76.12	58.75	55.97	74.14	5.10	25.50	14.63
12.97	69.39	54.78	51.24	76.00	2.11	6.50	7.85
11.78	77.97	44.06	40.39	51.69	17.23	-22.83	-5.09
5.45	51.77	89.51	84.03	120.24	-2.73	1.59	0.83
13.96	38.04	189.45	126.73	292.46	-16.83	24.28	13.15
9.75	83.97	47.63	44.13	40.56	7.77	-2.42	12.05

地区	财务效益状况				资产营运状况		
	净资产收益率（%）	总资产报酬率（%）	主营业务利润率（%）	成本费用利润率（%）	总资产周转率（%）	流动资产周转率（%）	存货周转率（次）
河南	-14.67	-3.02	-6.00	-5.66	47.81	133.17	34.56
湖北	-4.19	-2.03	-4.12	-3.95	39.72	219.34	19.68
湖南	9.04	4.73	8.88	9.47	50.80	166.07	14.23
广东	-2.56	-0.91	-0.59	-0.59	61.25	157.84	23.33
广西	-4.83	-2.65	-4.86	-4.63	43.63	206.57	35.28
海南	-21.45	-7.17	-14.45	-12.62	49.02	169.68	6.96
重庆	0.68	0.22	-0.41	-0.40	31.98	194.68	15.36
四川	13.62	4.91	9.79	10.78	53.60	169.98	13.82
贵州	4.80	2.57	5.00	5.21	51.02	161.24	12.43
云南	-0.10	-0.05	-1.77	-1.74	29.29	119.39	16.18
陕西	-1.42	-0.70	-3.41	-3.30	58.93	202.20	11.32
甘肃	0.91	0.47	0.75	0.76	57.75	238.40	12.84
青海	0.24	0.16	5.45	5.76	18.35	121.03	20.66
宁夏	-4.63	-1.84	-4.28	-4.11	53.03	477.23	11.80
新疆	8.72	3.12	7.68	8.32	45.90	119.60	17.21
西藏	—	—	—	—	—	—	—

续表

应收账款周转率(次)	偿债能力状况 资产负债率(%)	流动比率(%)	速动比率(%)	长期资产适合率(%)	发展能力状况 销售增长率(%)	资本积累率(%)	总资产增长率(%)
3.24	79.04	63.25	61.07	74.81	1.45	11.74	7.82
17.51	47.24	62.44	54.85	114.42	1.22	57.91	28.04
7.84	50.19	73.68	65.84	118.69	16.46	16.91	30.66
19.24	64.12	88.04	81.43	133.48	11.97	-5.04	-6.78
12.48	47.00	74.93	70.82	109.28	7.95	-4.18	2.82
15.48	67.84	45.83	34.20	59.28	5.48	2.21	10.75
20.03	63.01	39.29	34.62	73.31	-40.59	9.25	-18.67
10.73	62.54	67.83	60.29	103.79	25.26	10.82	2.34
4.22	45.59	85.61	75.78	107.39	26.59	9.82	6.09
13.12	53.19	72.91	67.54	106.74	-1.08	6.10	11.48
7.50	50.81	81.46	66.46	107.08	8.28	4.67	5.43
11.87	49.99	61.37	51.45	96.83	48.38	16.92	26.96
9.11	31.60	77.04	72.70	110.77	-10.88	7.81	-2.21
98.91	60.70	19.38	11.32	71.05	-4.16	-5.79	-4.08
14.85	66.16	95.05	90.13	135.89	19.79	17.14	33.00
—	—	—	—	—	—	—	—

2009年度全国旅游行业经济效益

地区	财务效益状况				资产营运状况		
	净资产收益率（%）	总资产报酬率（%）	主营业务利润率（%）	成本费用利润率（%）	总资产周转率（%）	流动资产周转率（%）	存货周转率（次）
全国	-0.06	-0.03	-0.14	-0.14	60.80	205.45	20.22
北京	-2.35	0.36	2.11	2.15	19.82	56.54	27.21
天津	-0.07	-0.06	0.29	0.29	80.20	418.77	19.33
河北	-9.61	-4.54	-26.98	-21.25	16.32	349.03	—
山西	—	—	—	—	—	—	—
内蒙古	-0.08	-0.03	0.38	0.38	47.99	142.65	9.80
辽宁	-1.80	-1.33	-2.37	-2.31	45.83	156.29	48.40
吉林	—	—	—	—	—	—	—
黑龙江	0.68	0.46	1.38	1.40	40.38	194.16	—
上海	-20.99	-11.04	-13.89	-12.19	88.13	207.69	24.73
江苏	—	—	—	—	—	—	—
浙江	16.00	8.04	6.40	6.84	120.70	221.77	15.39
安徽	-3.75	-3.11	-8.36	-7.72	37.14	332.72	42.59
福建	-2.99	-2.94	-2.24	-2.19	103.27	367.62	11.38
江西	—	—	—	—	—	—	—
山东	—	—	—	—	—	—	—

评价主要财务指标表(一星级饭店)

	偿债能力状况				发展能力状况		
应收账款周转率(次)	资产负债率(%)	流动比率(%)	速动比率(%)	长期资产适合率(%)	销售增长率(%)	资本积累率(%)	总资产增长率(%)
8.90	46.73	71.34	64.34	90.62	0.84	5.55	1.60
—	—	29.76	29.14	-24.16	6.54	-2.32	-4.29
13.10	21.78	111.23	92.03	102.92	-20.41	7.59	9.02
14.96	53.21	8.14	8.14	48.91	3.22	-6.50	-4.66
—	—	—	—	—	—	—	—
2.38	56.22	60.30	52.68	71.91	19.10	—	59.22
7.39	25.18	120.54	116.18	114.12	3.90	0.91	-0.82
—	—	—	—	—	—	—	—
—	29.00	135.63	135.37	107.64	-5.30	18.98	8.75
316.41	49.67	138.10	125.92	167.29	-18.13	-9.82	-1.78
—	—	—	—	—	—	—	—
31.56	47.00	128.81	108.58	146.67	-3.04	18.88	6.16
12.86	16.10	74.65	70.47	106.72	14.63	-3.68	-6.22
29.51	1.90	1533.57	1022.04	138.53	-6.09	1.79	2.06
—	—	—	—	—	—	—	—
—	—	—	—	—	—	—	—

地　区	财务效益状况				资产营运状况		
	净资产收益率（%）	总资产报酬率（%）	主营业务利润率（%）	成本费用利润率（%）	总资产周转率（%）	流动资产周转率（%）	存货周转率（次）
河　南	—	—	—	—	—	—	—
湖　北	-5.46	-2.39	-13.36	-11.79	16.23	92.98	4.91
湖　南	9.74	7.51	13.89	16.14	53.65	228.32	5.66
广　东	-0.06	-0.04	-0.12	-0.12	32.17	249.02	16.77
广　西	—	—	—	—	—	—	—
海　南	10.93	10.93	46.52	86.97	23.51	59.68	—
重　庆	-2.56	-0.50	-4.85	-4.63	42.89	58.66	31.84
四　川	-21.64	-7.26	-12.33	-10.98	62.34	292.10	28.36
贵　州	2.15	1.37	3.59	3.72	38.69	106.44	24.96
云　南	3.59	1.76	0.92	0.93	148.28	—	22.81
陕　西	—	—	—	—	—	—	—
甘　肃	2.00	1.61	7.42	8.02	21.75	226.04	32.71
青　海	38.07	6.54	7.70	8.34	84.62	791.61	19.77
宁　夏	—	—	—	—	—	—	—
新　疆	0.48	0.15	0.80	0.80	26.04	120.80	6.98
西　藏	—	—	—	—	—	—	—

续表

	偿债能力状况				发展能力状况		
应收账款周转率(次)	资产负债率(%)	流动比率(%)	速动比率(%)	长期资产适合率(%)	销售增长率(%)	资本积累率(%)	总资产增长率(%)
20.35	66.59	14.79	11.39	40.39	-0.97	-46.89	-9.30
6.67	57.18	32.15	25.12	98.63	-14.04	-3.31	0.74
9.77	22.08	172.12	110.16	115.76	-28.23	2.83	0.59
—	34.52	38.07	31.87	81.48	11.25	-0.06	-3.61
—	—	—	—	—	—	—	—
—	—	—	—	—	60.09	-75.46	-75.46
0.66	79.07	96.08	94.31	108.03	8.78	17.35	1.26
48.55	66.34	26.33	23.37	58.01	40.83	-13.96	-14.53
—	33.65	157.09	151.34	123.43	-7.66	2.08	-5.36
29.70	51.69	62.67	49.44	85.77	3.80	-7.90	-5.60
—	—	—	—	—	—	—	—
22.09	15.58	206.70	193.86	115.10	61.91	90.59	69.03
—	88.81	14.49	12.21	69.63	61.62	-55.44	-10.07
—	—	—	—	—	—	—	—
9.64	67.62	33.75	27.07	58.19	-32.42	0.37	-4.58
—	—	—	—	—	—	—	—

2009 年度全国旅游行业经济效益

地　区	财务效益状况				资产营运状况		
	净资产收益率（%）	总资产报酬率（%）	主营业务利润率（%）	成本费用利润率（%）	总资产周转率（%）	流动资产周转率（%）	存货周转率（次）
全　国	-4.50	-1.40	-3.68	-3.55	36.95	127.89	21.22
北　京	0.11	0.10	0.16	0.16	75.69	575.65	80.49
天　津	8.80	6.08	5.52	5.88	105.82	333.40	71.87
河　北	-58.56	-28.10	-29.73	-22.92	61.69	246.04	22.31
山　西	—	—	—	—	—	—	—
内蒙古	—	—	—	—	—	—	—
辽　宁	-3.51	-2.75	-3.97	-3.82	66.17	254.20	15.64
吉　林	89.82	16.62	28.94	40.72	76.65	887.04	11.56
黑龙江	—	—	—	—	—	—	—
上　海	-2.81	-0.54	-2.91	-2.82	37.18	140.56	37.40
江　苏	-7.23	-3.97	-12.18	-10.85	32.81	124.58	20.66
浙　江	-18.60	-3.09	-8.92	-8.19	33.70	124.03	15.77
安　徽	-4.20	-0.89	-0.29	-0.29	106.03	327.97	21.11
福　建	-10.85	-2.93	-5.82	-5.50	42.47	139.00	24.70
江　西	27.54	8.59	7.39	7.98	112.93	279.11	27.98
山　东	-7.31	-4.71	-15.40	-13.34	34.31	108.41	6.20

评价主要财务指标表(未评星级饭店)

	偿债能力状况				发展能力状况		
应收账款周转率(次)	资产负债率(%)	流动比率(%)	速动比率(%)	长期资产适合率(%)	销售增长率(%)	资本积累率(%)	总资产增长率(%)
17. 39	69. 79	62. 81	58. 98	105. 10	2. 37	7. 37	13. 60
55. 29	12. 55	102. 97	99. 96	100. 66	8. 98	-0. 06	-2. 57
18. 67	30. 14	87. 59	84. 33	119. 06	32. 71	46. 40	42. 46
13. 91	51. 07	88. 73	76. 78	130. 12	-5. 00	-3. 86	-7. 41
—	—	—	—	—	—	—	—
—	—	—	—	—	—	—	—
—	21. 95	120. 72	98. 57	107. 14	129. 59	-3. 45	-2. 44
55. 05	70. 80	7. 10	2. 68	30. 74	20. 92	163. 05	-15. 12
—	—	—	—	—	—	—	—
26. 52	82. 01	67. 53	65. 21	109. 27	-19. 03	-10. 58	3. 68
16. 70	40. 75	95. 98	91. 18	150. 48	19. 19	81. 93	48. 49
11. 46	84. 71	48. 26	45. 02	88. 71	2. 17	-3. 24	14. 62
11. 41	78. 73	40. 16	34. 46	33. 94	-12. 28	-0. 01	-1. 11
14. 21	76. 05	47. 46	42. 94	111. 99	12. 95	-10. 44	14. 08
9. 60	39. 83	143. 40	134. 16	417. 97	-37. 00	-13. 49	29. 11
10. 84	37. 43	87. 96	68. 86	109. 45	36. 70	6. 27	12. 79

地　区	财务效益状况				资产营运状况		
	净资产收益率（%）	总资产报酬率（%）	主营业务利润率（%）	成本费用利润率（%）	总资产周转率（%）	流动资产周转率（%）	存货周转率（次）
河　南	-6.24	-3.16	-11.87	-10.61	25.95	246.16	18.21
湖　北	-1.75	-0.81	-2.59	-2.53	26.75	122.43	16.85
湖　南	0.25	0.06	0.37	0.37	30.65	150.06	15.88
广　东	-11.01	-3.07	-7.55	-7.02	40.50	104.03	28.94
广　西	-9.50	-2.25	-12.50	-11.11	19.60	25.57	34.30
海　南	26.93	15.53	24.49	32.26	65.96	133.72	27.99
重　庆	33.27	6.08	11.46	12.94	52.52	154.73	17.10
四　川	0.14	0.08	2.97	3.06	12.61	61.61	19.81
贵　州	7.17	3.27	5.37	5.68	50.62	124.59	15.82
云　南	-7.59	-3.30	-15.79	-13.64	21.60	115.86	5.90
陕　西	-38.26	-11.65	-27.19	-21.38	48.74	154.46	16.30
甘　肃	-2.81	-2.74	-13.55	-11.94	20.19	363.99	37.14
青　海	—	—	—	—	—	—	—
宁　夏	—	—	—	—	—	—	—
新　疆	2.89	1.69	-6.62	-6.21	78.74	195.27	32.53
西　藏	—	—	—	—	—	—	—

续表

应收账款周转率(次)	偿债能力状况				发展能力状况		
	资产负债率(%)	流动比率(%)	速动比率(%)	长期资产适合率(%)	销售增长率(%)	资本积累率(%)	总资产增长率(%)
10.08	50.39	24.66	21.05	77.82	5.02	-5.84	-1.88
9.03	62.61	48.45	44.23	131.35	16.44	-23.14	17.18
15.16	73.26	34.73	31.35	62.69	105.56	231.15	83.78
27.76	74.50	83.48	80.60	126.02	3.21	1.82	23.25
69.92	73.86	95.72	94.50	104.33	102.32	65.95	30.66
13.58	37.28	143.83	138.51	159.54	-7.10	6.02	-10.17
68.17	77.44	45.27	42.30	74.85	42.43	91.27	13.77
9.91	38.50	75.90	73.18	132.04	9.22	9.01	4.16
17.43	53.77	80.70	75.23	94.73	27.87	12.21	8.82
27.40	56.08	36.91	25.77	88.73	-6.29	-1.60	-3.39
7.84	73.00	64.36	56.64	76.96	116.72	-20.95	-0.79
—	2.86	220.50	202.27	103.90	11.20	-2.77	-2.29
—	—	—	—	—	—	—	—
—	—	—	—	—	—	—	—
44.31	42.03	99.10	90.77	100.70	-0.30	2.93	4.74
—	—	—	—	—	—	—	—

2009 年度全国旅游行业经济效益

地　区	财务效益状况				资产营运状况		
	净资产收益率（%）	总资产报酬率（%）	主营业务利润率(%)	成本费用利润率(%)	总资产周转率（%）	流动资产周转率(%)	存货周转率（次）
全　国	4.99	2.03	8.13	8.46	27.15	76.76	7.76
北　京	5.75	2.66	359.36	81.39	0.46	1.02	—
天　津	—	—	—	—	—	—	—
河　北	—	—	—	—	—	—	—
山　西	—	—	—	—	—	—	—
内蒙古	—	—	—	—	—	—	—
辽　宁	-0.67	-0.32	-0.81	-0.80	40.98	147.94	31.16
吉　林	3.17	0.82	6.45	6.88	27.57	48.13	9.15
黑龙江	-0.30	-0.02	-8.05	-7.45	34.91	162.38	11.99
上　海	-9.65	-6.52	-14.38	-12.12	41.88	279.66	69.70
江　苏	8.71	1.66	0.83	0.84	264.54	544.45	17.62
浙　江	8.87	3.38	9.55	10.50	46.31	187.59	25.16
安　徽	12.03	5.53	22.10	27.87	30.41	79.51	2.16
福　建	—	—	—	—	—	—	—
江　西	21.39	14.56	49.46	97.86	35.93	124.03	21.42
山　东	-4.91	-2.59	-40.78	-28.97	6.30	19.26	5.21

评价主要财务指标表(旅游集团)

	偿债能力状况				发展能力状况		
应收账款周转率(次)	资产负债率(%)	流动比率(%)	速动比率(%)	长期资产适合率(%)	销售增长率(%)	资本积累率(%)	总资产增长率(%)
21.07	60.15	110.47	99.94	147.93	11.10	3.48	8.39
—	51.00	221.86	221.86	139.27	-19.88	5.81	-5.87
—	—	—	—	—	—	—	—
—	—	—	—	—	—	—	—
—	—	—	—	—	—	—	—
—	—	—	—	—	—	—	—
24.88	52.65	64.50	61.11	84.08	24.09	-0.51	-0.84
32.98	75.56	232.58	218.84	241.57	68.98	-8.04	2.30
9.33	92.87	32.92	28.91	46.29	13.44	-0.30	4.29
19.31	38.45	47.65	45.44	95.53	6.86	-9.21	9.46
1331.35	77.68	88.29	67.25	211.36	38.11	219.43	86.25
20.73	64.00	87.00	80.91	157.56	4.12	5.28	18.79
22.18	54.57	134.43	104.21	144.87	4.00	-1.75	0.53
—	—	—	—	—	—	—	—
44.06	47.06	176.78	173.31	216.33	43.85	-7.20	62.58
17.34	48.97	168.33	159.75	286.11	27.97	-4.81	1.84

地 区	财务效益状况				资产营运状况		
	净资产收益率（%）	总资产报酬率（%）	主营业务利润率（%）	成本费用利润率（%）	总资产周转率（%）	流动资产周转率（%）	存货周转率（次）
河 南	-1.72	-0.91	-5.95	-5.55	14.11	168.14	13.86
湖 北	4.22	2.34	10.32	11.46	31.57	124.76	30.82
湖 南	—	—	—	—	—	—	—
广 东	—	—	—	—	—	—	—
广 西	4.70	1.66	8.29	8.57	26.98	81.22	13.84
海 南	—	—	—	—	—	—	—
重 庆	1.87	0.62	4.29	3.94	22.26	64.98	86.82
四 川	-4.08	-1.50	-59.30	-38.34	3.53	9.24	0.87
贵 州	—	—	—	—	—	—	—
云 南	4.48	2.36	14.36	16.67	18.66	69.54	45.72
陕 西	1.79	0.58	2.04	2.01	36.83	84.03	4.04
甘 肃	-1.22	-0.39	-4.82	-4.59	8.07	73.24	12.31
青 海	9.70	7.10	27.14	37.26	26.58	381.26	43.09
宁 夏	—	—	—	—	—	—	—
新 疆	—	—	—	—	—	—	—
西 藏	—	—	—	—	—	—	—

续表

	偿债能力状况				发展能力状况		
应收账款周转率(次)	资产负债率(%)	流动比率(%)	速动比率(%)	长期资产适合率(%)	销售增长率(%)	资本积累率(%)	总资产增长率(%)
9.73	48.82	17.84	15.53	108.27	176.96	4.25	12.40
28.22	44.22	106.37	102.54	158.43	4.27	3.41	1.89
—	—	—	—	—	—	—	—
—	—	—	—	—	—	—	—
8.81	64.31	88.05	82.61	122.65	12.65	-0.54	-2.79
—	—	—	—	—	—	—	—
40.39	66.48	124.43	123.63	279.37	11.58	80.06	76.88
37.09	63.69	109.85	96.24	188.29	81.64	-13.30	-10.87
—	—	—	—	—	—	—	—
119.92	50.36	102.89	101.09	136.64	9.05	6.11	20.19
12.30	71.28	77.18	57.04	95.87	7.32	-3.33	24.66
7.24	63.04	97.93	93.14	111.18	34.55	65.04	15.78
11.82	25.94	65.69	62.93	94.91	86.26	21.92	18.96
—	—	—	—	—	—	—	—
—	—	—	—	—	—	—	—
—	—	—	—	—	—	—	—

2009 年度全国旅游行业经济效益

地区	财务效益状况				资产营运状况		
	净资产收益率（%）	总资产报酬率（%）	主营业务利润率(%)	成本费用利润率(%)	总资产周转率（%）	流动资产周转率(%)	存货周转率（次）
全　国	0.70	0.29	1.45	1.44	20.60	75.91	4.95
北　京	2.41	0.85	5.87	5.95	13.59	47.35	48.07
天　津	2.38	0.76	-0.40	-0.39	24.78	47.15	0.72
河　北	10.07	1.98	4.44	4.48	43.91	271.50	16.60
山　西	-6.81	-2.09	-20.66	-17.12	10.23	36.27	3.04
内蒙古	-1.64	-1.12	-8.41	-7.72	11.54	55.91	7.02
辽　宁	5.22	2.39	6.67	7.15	24.96	147.55	9.73
吉　林	1.69	1.19	3.84	3.99	14.38	85.30	13.16
黑龙江	1.09	0.69	4.74	4.97	12.19	36.98	8.15
上　海	3.64	1.44	8.06	8.60	15.32	44.26	0.75
江　苏	0.90	0.39	4.82	4.75	14.22	56.58	9.58
浙　江	-5.56	-2.15	-20.58	-16.62	13.98	53.93	4.53
安　徽	3.63	1.70	6.36	6.75	27.14	73.13	10.34
福　建	11.09	6.17	18.29	22.40	44.12	118.04	3.48
江　西	3.14	1.98	5.74	6.08	47.96	97.65	2.46
山　东	3.06	1.85	12.09	13.75	19.82	89.69	3.69

评价主要财务指标表(全部旅游景区)

	偿债能力状况				发展能力状况		
应收账款周转率(次)	资产负债率(%)	流动比率(%)	速动比率(%)	长期资产适合率(%)	销售增长率(%)	资本积累率(%)	总资产增长率(%)
6.95	58.65	67.46	58.17	136.53	16.27	18.44	22.69
0.98	65.93	68.41	67.82	268.93	32.77	2.50	10.27
3.15	67.75	91.08	36.11	112.04	34.91	3.70	2.18
11.29	79.97	24.79	21.47	59.36	2.22	17.07	13.02
5.41	70.64	55.67	48.24	145.58	14.69	10.65	22.30
3.21	38.53	69.44	64.46	165.09	46.71	-5.70	17.51
3.77	52.36	46.12	39.39	91.58	60.87	14.95	5.81
25.11	22.27	107.43	100.52	111.22	29.89	29.48	19.23
5.77	36.98	92.37	86.87	117.37	23.91	0.27	2.63
21.24	64.09	96.75	46.86	126.44	27.96	22.28	52.46
6.07	58.11	71.26	67.13	118.16	16.10	20.46	31.82
32.57	59.56	56.96	48.18	165.89	18.88	46.49	30.98
6.17	51.52	96.93	89.74	161.03	62.63	3.55	-3.75
7.03	42.33	111.41	93.65	173.97	29.03	16.06	7.76
18.73	37.81	161.99	104.00	162.89	0.34	4.36	7.07
18.47	40.30	70.24	56.25	108.87	17.92	15.42	18.37

地区	财务效益状况				资产营运状况		
	净资产收益率（%）	总资产报酬率（%）	主营业务利润率（%）	成本费用利润率（%）	总资产周转率（%）	流动资产周转率（%）	存货周转率（次）
河南	4.54	1.98	7.12	7.56	33.79	133.59	8.68
湖北	3.23	1.67	10.55	11.79	17.84	63.10	8.04
湖南	-2.86	-1.27	-6.39	-6.07	16.68	66.61	12.77
广东	-9.04	-2.82	-15.44	-13.40	17.55	57.35	12.44
广西	8.65	4.27	15.97	19.01	24.23	92.05	35.32
海南	4.47	2.76	15.12	17.79	24.79	79.64	25.95
重庆	0.07	0.03	1.47	1.34	18.85	102.35	5.10
四川	-1.66	-0.45	-2.97	-2.89	24.03	99.56	14.96
贵州	0.65	0.21	1.04	1.05	31.03	74.56	19.35
云南	4.73	2.72	16.70	18.79	17.25	71.24	5.15
陕西	-7.85	-3.10	-23.71	-19.26	19.44	84.59	21.53
甘肃	0.90	0.46	-4.45	-4.26	11.23	40.55	1.48
青海	-0.97	-0.75	-48.23	-32.54	4.63	57.76	42.19
宁夏	14.13	8.19	24.39	32.23	28.45	219.98	36.94
新疆	7.46	3.64	4.99	5.25	36.09	147.05	22.94
西藏	—	—	—	—	—	—	—

续表

	偿债能力状况				发展能力状况		
应收账款周转率（次）	资　产负债率（%）	流动比率（%）	速动比率（%）	长期资产适合率（%）	销　售增长率（%）	资　本积累率（%）	总资产增长率（%）
13.47	55.99	76.06	66.66	119.09	14.64	27.54	24.64
7.67	48.90	96.18	87.15	174.12	30.07	16.27	20.16
15.80	57.32	100.05	93.33	194.31	21.66	3.25	11.19
14.96	71.49	74.36	70.74	134.13	-2.62	-6.57	11.90
8.65	49.59	87.98	86.23	166.25	8.06	10.57	5.76
51.79	41.08	126.58	123.49	256.62	51.59	18.44	31.57
27.98	57.24	53.52	43.22	253.40	27.78	41.80	75.35
12.21	77.07	28.50	25.52	50.85	104.06	14.72	71.09
5.83	66.69	83.18	80.50	126.77	19.15	24.75	17.54
15.14	41.61	106.64	92.97	141.06	19.90	31.98	27.66
15.01	56.63	61.65	58.91	99.87	-40.13	76.22	38.82
3.06	43.47	76.33	51.64	129.29	-3.07	34.69	10.69
46.94	21.87	87.83	85.44	116.48	-69.90	17.04	15.75
49.96	40.41	60.24	58.04	112.42	33.75	24.49	17.28
13.70	53.28	44.64	42.24	73.78	51.96	9.58	20.05
—	—	—	—	—	—	—	—

2009年度全国旅游行业经济效益

地区	财务效益状况				资产营运状况		
	净资产收益率（%）	总资产报酬率（%）	主营业务利润率（%）	成本费用利润率（%）	总资产周转率（%）	流动资产周转率（%）	存货周转率（次）
全　国	-1.60	-0.76	-4.75	-4.52	19.38	65.02	4.76
北　京	9.18	2.39	6.24	6.48	31.08	68.16	41.12
天　津	-0.43	-0.36	-7.65	-7.11	4.27	59.21	17.99
河　北	14.71	7.72	6.85	7.35	24.04	45.09	23.84
山　西	-6.06	-1.88	-48.57	-32.69	4.22	15.69	3.04
内蒙古	-1.83	-1.30	-10.93	-9.78	9.90	66.59	10.70
辽　宁	2.30	1.05	1.35	1.37	21.62	136.13	9.37
吉　林	0.07	0.06	3.22	3.33	16.58	78.54	22.57
黑龙江	0.94	0.59	5.53	5.84	9.30	25.54	6.20
上　海	0.70	0.32	-4.91	-4.77	9.00	17.75	0.26
江　苏	-0.60	-0.28	-0.73	-0.71	16.27	48.31	11.44
浙　江	-10.31	-4.14	-42.79	-29.65	12.67	46.71	3.63
安　徽	2.55	1.16	4.73	4.97	25.53	69.98	7.21
福　建	3.74	2.03	10.06	11.21	26.33	106.00	3.52
江　西	2.53	1.57	3.99	4.16	53.35	100.80	2.43
山　东	0.53	0.31	1.24	1.25	15.56	74.93	7.54

评价主要财务指标表(自然类旅游景区)

	偿债能力状况				发展能力状况		
应收账款周转率(次)	资产负债率(%)	流动比率(%)	速动比率(%)	长期资产适合率(%)	销售增长率(%)	资本积累率(%)	总资产增长率(%)
10.25	52.79	81.54	70.91	147.58	21.35	22.46	24.85
40.38	75.54	95.17	94.00	166.35	33.09	9.57	25.76
0.91	7.54	38.22	37.60	219.35	16.28	14.42	-6.03
12.61	45.60	81.48	67.77	120.65	8.36	19.81	10.82
2.26	70.62	54.12	50.27	156.84	18.93	13.72	28.11
2.86	33.86	51.89	48.51	168.35	76.08	-2.13	13.43
3.41	52.52	41.69	35.26	90.09	55.52	11.71	4.32
19.99	12.28	163.62	156.54	112.23	41.42	30.40	25.35
6.56	39.06	93.53	88.10	125.60	22.46	-1.29	3.06
20.20	55.75	142.23	47.13	232.21	-10.03	2.59	8.79
2.22	53.66	83.59	81.24	123.37	12.24	27.60	26.74
32.99	57.38	57.06	45.89	174.27	31.82	64.75	41.56
14.40	57.18	78.24	71.16	125.94	154.91	3.00	16.70
14.88	41.52	77.95	76.14	172.21	47.02	5.61	-8.58
18.10	39.02	170.99	105.98	170.10	0.28	3.82	6.96
12.48	42.55	57.87	52.55	106.94	19.12	14.26	18.14

地　区	财务效益状况				资产营运状况		
	净资产收益率（%）	总资产报酬率（%）	主营业务利润率（%）	成本费用利润率（%）	总资产周转率（%）	流动资产周转率（%）	存货周转率（次）
河　南	1.56	0.69	4.37	4.57	30.98	175.71	41.10
湖　北	1.65	0.82	4.33	4.53	17.41	69.75	6.93
湖　南	-5.46	-2.44	-20.32	-17.02	12.56	56.66	9.35
广　东	-9.45	-3.72	-25.61	-20.43	14.18	37.34	8.96
广　西	12.42	6.03	16.57	19.87	30.56	87.42	43.93
海　南	7.41	5.55	30.05	42.86	22.57	69.94	39.44
重　庆	-3.96	-2.00	-16.32	-14.00	13.38	100.66	25.55
四　川	-2.56	-0.89	-9.15	-8.39	13.84	43.13	8.41
贵　州	-0.11	-0.04	-0.79	-0.78	28.89	72.25	17.80
云　南	5.31	2.79	16.59	19.72	19.38	63.16	4.32
陕　西	-9.07	-3.49	-25.46	-20.41	20.35	114.45	26.35
甘　肃	-0.43	-0.37	0.90	0.91	14.01	173.91	35.01
青　海	38.86	-20.35	-16.32	-14.03	124.65	258.24	34.86
宁　夏	18.07	12.26	26.76	36.49	50.96	364.24	30.05
新　疆	8.81	4.22	5.94	6.32	36.10	146.92	22.71
西　藏	—	—	—	—	—	—	—

续表

	偿债能力状况				发展能力状况		
应收账款周转率(次)	资　产负债率(%)	流动比率(%)	速动比率(%)	长期资产适合率(%)	销　售增长率(%)	资　本积累率(%)	总资产增长率(%)
40.99	57.23	61.45	58.84	119.49	19.10	23.54	35.51
5.90	50.08	77.93	67.00	156.82	35.28	23.26	22.88
10.81	57.51	94.55	85.74	187.71	22.34	-0.02	10.60
12.50	63.85	92.89	88.64	119.15	-1.13	-5.94	11.46
6.61	50.67	113.94	112.23	161.93	10.67	14.21	10.28
41.06	29.20	186.12	184.16	357.51	73.11	23.97	41.14
-97.06	55.68	50.62	48.50	311.81	115.87	45.45	108.76
4.57	64.17	63.90	58.42	113.67	25.40	9.25	2.41
4.84	66.95	80.17	77.40	124.74	12.79	25.41	22.25
11.73	45.07	127.75	113.87	165.03	28.41	62.48	45.08
21.49	57.21	46.84	44.71	94.20	19.58	64.87	26.92
23.37	13.05	69.47	66.08	106.31	21.25	62.78	51.95
—	114.40	101.94	100.71	105.60	52.66	-10.69	14.87
45.27	34.79	62.46	57.95	102.91	38.30	18.83	29.82
14.27	54.49	44.11	41.66	73.39	55.37	10.90	23.86
—	—	—	—	—	—	—	—

2009 年度全国旅游行业经济效益

地区	财务效益状况				资产营运状况		
	净资产收益率（%）	总资产报酬率（%）	主营业务利润率（%）	成本费用利润率（%）	总资产周转率（%）	流动资产周转率（%）	存货周转率（次）
全　国	2.85	0.92	9.11	9.19	14.21	61.83	5.72
北　京	52.87	32.16	44.84	50.27	74.09	147.56	38.80
天　津	50.27	-49.85	-76.52	-43.35	52.33	108.37	2.46
河　北	-23.65	-1.01	-45.70	-19.44	2.59	29.68	5.13
山　西	-93.77	-7.15	-45.44	-31.24	13.83	95.54	17.19
内蒙古	-4.70	-2.59	-23.65	-19.13	11.45	35.27	43.54
辽　宁	—	—	—	—	—	—	—
吉　林	—	—	—	—	—	—	—
黑龙江	-0.01	-0.01	-5.50	-5.21	1.68	41.03	13.32
上　海	-99.18	2.07	-26.70	-21.07	3.66	8.23	7.67
江　苏	-1.36	-0.67	-5.82	-5.50	8.31	31.06	2.57
浙　江	-0.17	-0.07	-2.99	-2.89	15.89	53.78	7.24
安　徽	5.99	2.46	8.23	8.94	28.39	65.96	58.56
福　建	33.01	17.91	27.35	37.64	86.28	113.11	3.16
江　西	5.74	3.92	26.63	36.30	21.45	69.80	2.99
山　东	9.15	8.16	34.10	51.74	32.88	215.00	10.63

评价主要财务指标表（文物类旅游景区）

	偿债能力状况				发展能力状况		
应收账款周转率（次）	资产负债率（%）	流动比率（%）	速动比率（%）	长期资产适合率（%）	销售增长率（%）	资本积累率（%）	总资产增长率（%）
6.09	68.43	43.51	39.17	119.69	-4.87	17.36	23.03
-37.75	34.47	234.60	227.04	247.16	36.52	91.24	56.11
—	261.87	24.65	7.08	-46.77	153.65	67.15	-37.85
4.27	96.44	12.46	11.29	12.56	-54.11	-21.14	12.32
31.87	92.62	20.61	18.26	78.81	2.89	4.07	11.07
3.84	62.33	86.56	86.16	129.58	18.32	-32.85	42.35
—	—	—	—	—	—	—	—
—	—	—	—	—	—	—	—
—	6.78	107.94	106.48	100.58	-18.89	-0.13	6.75
16.32	102.50	41.57	41.01	-21.22	80.97	73.94	12.56
134.12	55.54	75.29	66.43	263.97	2.51	38.79	83.33
11.38	57.03	66.12	59.63	213.29	-0.40	17.61	16.93
3.37	49.11	152.90	150.99	284.82	18.67	6.57	-28.78
3.10	45.01	176.25	134.07	303.00	2.26	37.84	33.53
30.86	31.95	114.04	93.47	136.34	1.73	6.74	7.57
36.95	12.77	156.10	138.39	109.89	-2.05	14.40	19.84

地　区	财务效益状况				资产营运状况		
	净资产收益率（%）	总资产报酬率（%）	主营业务利润率（%）	成本费用利润率（%）	总资产周转率（%）	流动资产周转率（%）	存货周转率（次）
河　南	-0.51	-0.32	2.12	2.17	20.01	143.53	66.43
湖　北	4.81	2.97	7.42	8.01	42.28	106.96	3.54
湖　南	-2.15	-0.78	-1.15	-1.17	22.73	54.74	66.30
广　东	102.66	-4.68	-33.98	-25.36	13.25	27.94	31.29
广　西	0.13	0.12	4.53	4.74	9.96	10.14	—
海　南	—	—	—	—	—	—	—
重　庆	10.52	-1.48	-11.76	-10.53	12.38	65.33	18.55
四　川	-9.00	-3.13	-56.11	-35.90	7.03	40.26	1.06
贵　州	-88.44	-11.80	7.70	8.34	—	—	—
云　南	-4.49	-1.42	-3.25	-3.15	43.68	153.15	12.80
陕　西	—	—	—	—	—	—	—
甘　肃	-5.86	-1.25	-54.29	-35.18	2.63	41.37	36.78
青　海	-0.51	-0.42	-75.80	-43.12	2.60	45.42	182.05
宁　夏	8.05	3.77	52.35	109.86	7.11	16.57	39.52
新　疆	—	-9.73	-42.44	-29.79	23.11	201.14	—
西　藏	—	—	—	—	—	—	—

续表

	偿债能力状况				发展能力状况		
应收账款周转率(次)	资产负债率(%)	流动比率(%)	速动比率(%)	长期资产适合率(%)	销售增长率(%)	资本积累率(%)	总资产增长率(%)
58.32	34.39	84.00	82.06	121.32	31.11	32.00	17.74
16.05	38.95	134.16	99.44	203.60	19.48	2.53	5.11
18.43	65.43	133.20	131.97	339.28	37.09	1.26	11.05
-64.34	107.75	46.36	45.79	—	-35.72	51.12	2.65
62.17	8.64	113.61	111.10	444.34	49.52	0.13	4.22
—	—	—	—	—	—	—	—
—	114.59	30.12	28.99	46.13	-4.72	7.79	0.68
31.25	62.54	46.63	16.08	101.66	2.76	98.43	61.30
—	92.29	33.05	33.05	12.78	255.24	-29.21	153.46
89.72	70.36	61.67	54.37	87.52	32.96	-15.76	-4.82
—	—	—	—	—	—	—	—
4.46	79.99	7.83	7.67	64.96	6.61	-3.59	10.46
25.17	14.66	119.49	119.03	118.94	167.44	18.87	9.39
195.57	34.86	122.82	110.36	237.93	-56.52	23.67	27.44
18.94	97.39	17.89	17.89	—	-12.62	-71.77	16.44
—	—	—	—	—	—	—	—

2009年度全国旅游行业经济效益

地区	财务效益状况				资产营运状况		
	净资产收益率（%）	总资产报酬率（%）	主营业务利润率（%）	成本费用利润率（%）	总资产周转率（%）	流动资产周转率（%）	存货周转率（次）
全国	4.47	1.61	8.40	8.79	20.64	87.04	4.27
北京	-0.94	-0.35	-4.60	-4.40	6.70	29.26	66.66
天津	4.57	1.01	-0.09	-0.09	28.69	46.84	0.70
河北	9.45	6.72	18.66	22.94	22.56	89.74	4.08
山西	2.83	1.51	3.12	3.22	58.77	107.81	2.31
内蒙古	9.51	4.61	-13.92	-64.78	5.75	19.18	76.69
辽宁	4.94	6.39	38.12	61.62	24.71	292.47	15.19
吉林	7.60	3.46	5.88	6.24	9.97	119.39	5.43
黑龙江	6.14	2.40	3.86	4.02	48.61	132.33	15.86
上海	7.36	2.64	14.10	15.79	22.67	130.97	7.11
江苏	3.45	1.35	11.20	11.12	15.85	83.82	26.42
浙江	7.06	2.39	17.57	19.65	16.82	75.77	13.40
安徽	2.23	1.80	7.39	7.63	31.87	221.62	5.33
福建	16.08	10.12	18.43	22.60	70.66	155.73	3.88
江西	43.75	28.12	9.03	9.93	25.71	44.95	28.13
山东	4.86	2.38	14.53	17.00	23.89	80.79	1.44

评价主要财务指标表(主题类旅游景区)

	偿债能力状况				发展能力状况		
应收账款周转率(次)	资产负债率(%)	流动比率(%)	速动比率(%)	长期资产适合率(%)	销售增长率(%)	资本积累率(%)	总资产增长率(%)
4.38	65.40	58.34	48.44	125.35	18.18	9.66	19.20
0.37	63.51	55.11	54.86	329.74	31.39	-1.22	5.01
3.39	78.63	92.50	36.15	94.08	35.45	-3.30	3.86
10.06	30.13	136.35	111.20	189.24	15.15	9.73	13.83
16.12	44.57	137.50	71.17	175.22	15.48	-2.69	-9.12
—	52.85	57.75	57.18	86.37	66.13	2.72	8.72
10.34	44.22	222.15	203.59	169.65	11.92	-1.18	27.29
16.31	53.25	38.64	31.94	107.64	2.20	6.46	0.71
4.68	55.29	81.93	75.34	88.12	29.06	25.47	-5.31
22.29	68.67	56.70	48.31	98.31	55.11	56.10	19.75
49.01	62.59	59.37	57.04	88.36	23.10	5.69	15.43
49.32	66.13	54.38	52.02	142.07	3.98	11.14	10.93
10.31	22.49	226.10	146.75	129.29	18.16	-1.34	6.93
28.56	42.13	111.15	86.19	125.54	57.12	38.71	71.43
31.25	35.35	81.22	80.51	101.32	-21.51	0.00	-1.13
96.43	50.50	89.51	50.30	113.43	41.64	20.76	18.19

地区	财务效益状况				资产营运状况		
	净资产收益率（%）	总资产报酬率（%）	主营业务利润率（%）	成本费用利润率（%）	总资产周转率（%）	流动资产周转率（%）	存货周转率（次）
河　南	13.57	4.77	10.96	11.91	43.16	105.07	4.24
湖　北	7.54	4.39	29.12	41.08	18.79	48.57	27.97
湖　南	12.37	6.46	22.29	28.68	38.00	162.51	25.71
广　东	-5.94	-0.89	-3.01	-2.93	24.18	167.45	27.75
广　西	3.59	1.76	14.54	17.01	15.00	143.69	24.75
海　南	-15.16	-9.30	-27.21	-21.39	34.39	131.21	16.90
重　庆	18.15	6.50	22.32	21.80	36.34	105.22	2.46
四　川	4.95	0.60	1.34	1.36	44.54	53.18	67.91
贵　州	9.85	3.09	10.59	11.84	40.05	71.37	28.51
云　南	4.03	2.72	17.12	16.77	13.91	98.34	8.02
陕　西	0.22	0.12	0.61	0.61	24.85	48.92	240.48
甘　肃	2.60	1.26	-3.66	-3.53	12.67	30.94	1.02
青　海	—	—	—	—	—	—	—
宁　夏	10.34	5.28	11.47	12.96	11.70	192.79	157.60
新　疆	-1.64	-1.03	-1.40	-1.38	37.55	145.45	22.82
西　藏	—	—	—	—	—	—	—

续表

	偿债能力状况				发展能力状况		
应收账款周转率(次)	资产负债率(%)	流动比率(%)	速动比率(%)	长期资产适合率(%)	销售增长率(%)	资本积累率(%)	总资产增长率(%)
7.24	62.14	89.89	72.69	116.86	7.93	32.53	12.37
57.65	45.13	163.39	161.88	267.61	17.10	-0.63	12.13
100.69	45.29	85.35	82.22	149.59	10.18	28.10	15.70
18.68	86.59	30.01	27.75	182.91	-4.26	-8.66	13.20
93.95	49.62	33.29	31.72	164.36	-0.23	4.34	-0.99
99.93	101.90	37.83	33.06	51.09	12.07	-115.76	-2.35
50.53	61.47	60.92	32.59	124.15	-13.03	26.23	7.61
34.90	92.04	8.70	8.09	121.14	28.00	31.09	48.65
—	61.41	117.64	115.33	215.00	42.34	20.74	-19.86
47.58	33.20	61.05	46.94	97.82	-0.10	0.23	2.01
—	46.33	111.41	111.13	140.55	33.15	4.14	1.94
2.24	45.93	136.16	86.49	163.57	-10.77	24.87	-1.14
—	—	—	—	—	—	—	—
74.72	47.37	24.33	24.11	106.81	51.06	11.99	5.07
9.54	31.30	68.14	65.71	88.71	29.52	0.88	-13.93
—	—	—	—	—	—	—	—

2009年度全国旅游行业经济效益

地区	财务效益状况				资产营运状况		
	净资产收益率（%）	总资产报酬率（%）	主营业务利润率（%）	成本费用利润率（%）	总资产周转率（%）	流动资产周转率（%）	存货周转率（次）
全　国	0.28	0.10	0.40	0.39	38.08	128.65	8.25
北　京	9.70	1.74	6.04	6.43	35.38	97.20	44.84
天　津	7.15	6.71	19.92	24.87	40.75	135.38	37.76
河　北	-9.16	-1.09	-13.97	-10.66	9.98	88.32	8.79
山　西	-7.63	-2.67	-6.22	-5.86	44.65	153.31	16.11
内蒙古	-6.80	-3.17	-6.81	-6.37	38.40	179.73	15.06
辽　宁	-16.03	1.88	-65.11	-39.44	15.10	84.57	21.47
吉　林	27.96	23.93	42.30	73.30	65.04	148.35	27.69
黑龙江	-8.17	8.15	5.89	6.26	92.89	442.00	—
上　海	15.07	6.61	8.05	8.73	95.97	163.49	17.72
江　苏	-1.76	-0.68	-0.79	-0.78	33.65	111.85	8.18
浙　江	7.67	3.09	18.01	21.86	21.32	35.82	0.41
安　徽	6.53	2.83	2.46	2.53	76.21	168.13	8.91
福　建	1.81	0.97	-1.71	-1.68	73.16	179.88	82.20
江　西	-3.58	-1.17	-3.17	-3.08	32.51	177.10	11.30
山　东	3.90	2.62	7.90	8.63	32.90	109.80	3.99

评价主要财务指标表(其他旅游企业)

	偿债能力状况				发展能力状况		
应收账款周转率(次)	资产负债率(%)	流动比率(%)	速动比率(%)	长期资产适合率(%)	销售增长率(%)	资本积累率(%)	总资产增长率(%)
10.90	64.53	68.25	58.25	122.99	9.88	5.52	10.33
—	80.56	45.43	43.87	69.01	-0.08	10.10	-6.72
43.99	5.73	397.98	385.79	122.12	224.54	74.78	56.69
5.83	88.69	16.85	15.08	40.63	-18.81	-1.64	10.09
13.24	64.20	57.87	51.99	85.12	11.24	11.16	5.79
14.48	53.84	54.19	48.48	97.76	18.31	21.84	25.12
17.32	107.06	21.05	19.56	34.19	-15.01	-51.17	20.24
75.60	15.50	337.12	326.18	169.42	23.97	30.86	34.82
—	175.37	77.71	87.71	-87.16	18.50	-42.24	-6.07
35.63	53.29	198.76	180.88	242.79	-0.07	2.44	-9.48
11.21	65.68	111.95	98.82	157.69	5.68	-2.78	22.21
7.50	50.64	98.23	43.19	105.38	99.77	88.64	54.06
12.26	64.27	95.28	74.23	114.43	41.43	-19.67	17.49
10.18	53.35	73.56	71.72	115.92	44.69	9.11	49.60
4.05	71.64	60.89	52.41	103.24	178.89	-14.93	13.47
7.76	35.86	194.54	146.76	153.85	17.07	7.53	18.37

地　区	财务效益状况				资产营运状况		
	净资产收益率（%）	总资产报酬率（%）	主营业务利润率（%）	成本费用利润率（%）	总资产周转率（%）	流动资产周转率（%）	存货周转率（次）
河　南	1.06	0.37	2.94	3.03	37.01	135.91	31.83
湖　北	10.12	5.06	21.29	27.04	24.74	167.31	2.47
湖　南	16.07	9.79	10.42	11.63	89.15	257.57	5.52
广　东	-2.33	-0.61	-1.42	-1.40	45.48	127.22	36.70
广　西	13.20	7.78	30.04	39.41	30.40	120.65	62.74
海　南	-62.55	-7.63	-37.24	-27.04	13.43	54.84	1.11
重　庆	0.84	0.64	1.98	1.85	14.21	106.24	3.19
四　川	12.75	5.41	13.61	15.73	47.44	343.96	32.39
贵　州	35.67	23.42	30.70	44.31	84.79	169.04	16.64
云　南	-0.45	-0.23	1.27	1.29	21.15	62.57	0.90
陕　西	54.39	-2.19	-25.92	-20.59	8.44	15.26	3.36
甘　肃	-0.71	-0.27	-1.18	-1.17	12.20	32.14	6.65
青　海	12.82	3.96	2.78	2.86	156.06	714.06	10.54
宁　夏	—	—	—	—	—	—	—
新　疆	-39.55	-7.90	-46.00	-31.50	15.97	50.22	18.24
西　藏	—	—	—	—	—	—	—

续表

	偿债能力状况				发展能力状况		
应收账款周转率(次)	资产负债率(%)	流动比率(%)	速动比率(%)	长期资产适合率(%)	销售增长率(%)	资本积累率(%)	总资产增长率(%)
9.67	67.09	71.83	69.21	107.95	-0.31	1.00	15.41
14.21	49.67	39.10	16.70	68.73	79.26	9.46	8.01
20.03	38.39	94.24	54.72	120.98	16.85	13.50	10.75
8.88	75.14	76.62	74.11	124.01	6.47	-1.73	10.13
7.67	42.39	130.29	128.48	136.70	11.62	-0.19	4.46
21.70	91.55	98.01	35.20	131.87	12.72	-47.73	-1.94
16.70	22.74	177.98	114.48	107.15	7.07	-3.78	-6.60
47.98	55.69	48.86	44.71	94.14	46.75	12.60	3.01
4.86	35.84	204.12	193.42	272.90	35.20	25.89	32.75
26.82	52.15	88.10	27.96	123.32	46.62	8.03	18.70
—	104.03	85.56	79.88	149.17	11.99	71.52	71.18
1.73	64.03	59.03	56.21	64.66	8.62	12.87	28.49
96.38	68.33	41.23	9.41	68.77	2.06	13.70	7.82
—	—	—	—	—	—	—	—
4.26	82.89	40.07	38.24	48.48	2.69	-27.52	-3.86
—	—	—	—	—	—	—	—

2009年度全国旅游行业经济效益

地　区	人均增加值(元)				
	全国旅游行业	旅行社	旅游饭店	旅游景区	旅游集团
全　国	46682.63	29451.63	46034.87	56199.05	82218.86
北　京	61024.48	52281.99	59304.70	103527.07	3137369.60
天　津	48349.18	29120.66	42350.17	180394.22	—
河　北	29265.85	11588.45	24821.50	53584.55	—
山　西	30636.16	14047.36	41254.35	27444.23	—
内蒙古	42032.72	21497.36	54033.38	21070.99	—
辽　宁	54578.59	27972.91	62313.87	16583.09	29998.15
吉　林	45101.59	11498.10	36360.63	56839.10	117223.45
黑龙江	43164.76	27681.74	50299.93	33590.65	50636.85
上　海	73759.07	77648.35	67762.64	102664.36	68663.75
江　苏	35178.06	12286.48	41636.57	52648.33	110315.42
浙　江	47967.69	13274.09	53139.29	40564.22	153852.00
安　徽	61267.60	23169.53	44593.62	78932.18	125723.93
福　建	45851.93	27690.35	43115.46	93405.74	—
江　西	34615.05	18013.07	36101.81	17380.80	166888.59
山　东	45277.61	23607.09	40145.76	78734.05	11006.18

评价补充财务指标表(全部旅游企业)

	人均财政贡献(元)					
其他旅游企业	全国旅游行业	旅行社	旅游饭店	旅游景区	旅游集团	其他旅游企业
50671.43	8540.23	4483.24	8698.94	9745.67	13862.02	10510.80
50187.98	11132.06	9667.91	11603.82	10327.52	144617.32	1086.72
137216.65	9560.72	3866.79	8129.41	45782.98	—	5636.65
57442.88	5251.70	1350.75	5386.36	4512.88	—	10190.04
27389.82	3393.75	751.61	3842.35	3476.59	—	3766.26
30961.50	5811.02	2674.55	6585.77	5088.95	—	6998.26
60269.23	15204.12	4410.08	18326.62	3094.49	4147.43	7017.88
306709.10	6093.62	1772.10	5453.68	9823.05	8710.91	24469.14
23975.05	6257.25	4709.68	7431.56	2185.37	13998.19	1723.75
143983.04	11746.20	8943.40	11438.92	7740.30	10655.81	38681.01
58574.00	6994.34	1864.95	8876.89	5416.26	41386.14	15848.12
128532.98	9962.54	1928.52	11975.60	13627.27	10014.93	25278.38
44259.20	13006.56	3373.79	6786.94	9018.84	36151.14	23173.27
46495.72	8306.15	3399.19	7735.72	21622.58	—	5309.52
21634.86	7193.15	2898.22	8249.37	2191.40	7545.94	4149.26
40942.51	8700.28	3720.22	7664.94	14818.91	3798.45	3841.70

地　区	人均增加值(元)				
	全国旅游行业	旅行社	旅游饭店	旅游景区	旅游集团
河　南	29014.03	12761.29	25376.90	52592.39	14074.00
湖　北	26691.21	23572.08	25996.31	39814.55	67912.86
湖　南	42321.40	17918.91	41092.59	24936.73	—
广　东	52431.11	44442.15	47751.54	66013.84	
广　西	33968.28	18352.78	28986.87	42245.87	41731.83
海　南	55541.00	14587.63	62037.94	47679.17	—
重　庆	38688.12	45736.69	36199.27	51823.32	27755.74
四　川	51675.68	19394.06	50756.65	45584.34	43059.05
贵　州	68709.55	14651.21	66368.01	60890.65	—
云　南	37182.11	25024.29	35337.77	71125.21	132245.05
陕　西	34601.15	15856.99	35367.12	21839.42	39613.91
甘　肃	28720.21	15143.94	31816.94	21863.64	—
青　海	36471.11	50234.58	28525.91	21634.84	—
宁　夏	39413.05	19210.02	27770.53	77506.30	—
新　疆	35050.36	22325.51	34297.09	21221.55	—
西　藏	53250.64	—	50367.13	—	—

续表

其他旅游企业	人均财政贡献(元)					
	全国旅游行业	旅行社	旅游饭店	旅游景区	旅游集团	其他旅游企业
41559.56	6982.42	1421.22	4926.58	17637.07	3527.55	14513.20
10929.55	4894.35	3570.65	5740.81	6253.86	8557.31	483.82
72298.96	7561.65	3506.18	6013.34	5004.02	—	18712.13
48534.76	10192.90	7445.95	8673.73	14780.82	—	9985.99
70187.52	7000.05	1717.84	6413.24	5433.18	10436.38	12817.25
-7837.13	6771.91	1858.26	6677.93	9480.53	—	9542.43
50474.93	7025.33	3284.70	6347.51	5504.78	4585.53	19481.03
93786.90	7386.53	2691.58	6686.06	5528.12	16618.81	15390.39
120776.58	15990.37	3161.06	20661.12	5948.66	—	10201.77
72205.71	6946.29	3329.66	6659.83	7977.52	20388.71	8560.87
7815.85	6220.75	1878.66	5247.80	3806.60	9645.07	2123.13
20241.68	3810.22	2025.06	4328.08	1806.36	—	871.96
31965.09	3874.91	1561.97	4247.15	3967.37	—	5330.49
—	5300.52	1589.87	5044.42	7399.13	—	—
45708.76	5700.82	2658.82	6653.00	2324.96	—	2629.60
—	4525.52	—	4632.42	—	—	

2009 年度全国旅游行业经济效益

地　区	入境旅游收入比率（%）	自联入境旅游收入比率（%）	国内旅游收入比率（%）
全　国	12. 68	5. 37	64. 59
北　京	19. 59	8. 88	38. 47
天　津	14. 24	12. 13	60. 85
河　北	4. 99	0. 64	87. 98
山　西	6. 90	1. 47	82. 51
内蒙古	8. 15	1. 59	84. 04
辽　宁	14. 53	3. 76	60. 21
吉　林	21. 91	1. 45	64. 41
黑龙江	50. 59	10. 62	33. 39
上　海	14. 17	6. 27	61. 10
江　苏	8. 70	3. 80	74. 34
浙　江	8. 41	3. 03	75. 36
安　徽	12. 87	2. 34	83. 10
福　建	14. 14	4. 64	73. 80
江　西	7. 94	0. 87	82. 66
山　东	4. 01	2. 11	91. 03

评价补充财务指标表(全部旅行社)

出境旅游收入比率（%）	自联入境旅游收入毛利率（%）	国内旅游收入毛利率（%）	出境旅游收入毛利率（%）
22. 73	10. 58	8. 20	8. 90
41. 94	11. 95	4. 69	5. 79
24. 91	9. 22	8. 21	6. 36
7. 02	10. 09	6. 06	7. 62
10. 59	10. 28	6. 35	6. 18
7. 81	9. 83	7. 26	9. 28
25. 26	3. 35	4. 74	4. 26
13. 67	7. 26	7. 43	5. 23
16. 02	10. 60	7. 19	9. 85
24. 73	8. 79	7. 54	5. 49
16. 96	6. 99	5. 77	7. 19
16. 23	5. 56	6. 59	5. 83
4. 02	3. 21	5. 08	7. 18
12. 06	6. 48	4. 77	6. 25
9. 40	6. 63	23. 06	7. 25
4. 96	9. 46	1. 51	8. 98

地　区	入境旅游收入比率（%）	自联入境旅游收入比率（%）	国内旅游收入比率（%）
河　南	9.31	3.04	80.69
湖　北	16.79	7.49	72.75
湖　南	19.39	1.82	68.39
广　东	8.33	5.30	50.69
广　西	9.54	4.08	80.56
海　南	12.20	4.92	85.82
重　庆	16.21	10.07	70.35
四　川	15.29	7.33	67.26
贵　州	23.25	14.98	67.87
云　南	11.86	2.97	79.23
陕　西	18.63	9.23	65.41
甘　肃	13.08	2.82	82.09
青　海	11.54	2.72	84.17
宁　夏	5.77	1.38	85.47
新　疆	17.66	8.93	64.64
西　藏	86.16	—	13.25

续表

出境旅游收入比率（%）	自联入境旅游收入毛利率（%）	国内旅游收入毛利率（%）	出境旅游收入毛利率（%）
10.01	8.07	9.97	22.80
10.46	9.60	6.08	8.46
12.22	8.91	4.86	7.72
40.98	10.25	5.88	4.79
9.90	3.58	5.26	3.69
1.98	7.62	4.09	4.45
13.44	5.53	3.99	5.73
17.45	4.12	4.22	2.27
8.87	6.41	5.77	2.46
8.90	5.37	4.52	4.33
15.96	9.16	3.43	2.85
4.84	10.40	6.10	4.76
4.29	7.34	6.02	6.50
8.76	0.00	5.46	1.86
17.70	62.70	5.35	5.85
0.59	—	13.31	13.31

2009年度全国旅游行业经济效益

地　区	入境旅游收入比率（%）	自联入境旅游收入比率（%）	国内旅游收入比率（%）
全　国	16.04	7.27	51.84
北　京	20.48	8.88	34.78
天　津	19.38	16.90	45.54
河　北	8.87	1.95	67.63
山　西	8.96	2.03	66.43
内蒙古	18.77	4.21	60.40
辽　宁	18.91	5.22	45.70
吉　林	34.98	1.94	41.48
黑龙江	55.99	11.51	26.25
上　海	23.59	11.00	30.43
江　苏	13.98	6.85	57.17
浙　江	13.15	8.02	44.77
安　徽	5.20	0.00	82.20
福　建	17.57	6.07	66.55
江　西	16.02	1.97	60.45
山　东	4.00	2.14	90.50

评价补充财务指标表（经营出境游旅行社）

出境旅游收入比率（%）	自联入境旅游收入毛利率（%）	国内旅游收入毛利率（%）	出境旅游收入毛利率（%）
32.12	9.23	4.08	5.70
44.74	11.68	4.69	5.79
35.09	9.32	9.70	6.36
23.51	11.85	6.37	7.73
24.61	8.26	6.47	6.19
20.82	7.32	5.63	9.32
35.39	3.02	4.25	4.26
23.53	7.63	9.54	5.33
17.77	10.57	6.45	9.87
45.99	9.26	4.48	5.52
28.85	6.97	4.17	6.72
42.08	5.57	6.29	5.87
12.60	—	5.13	6.03
15.88	6.51	4.05	6.28
23.53	7.35	8.48	7.25
5.50	10.22	1.13	9.07

地　区	入境旅游收入比率（%）	自联入境旅游收入比率（%）	国内旅游收入比率（%）
河　南	19.11	7.72	55.73
湖　北	23.97	13.69	56.61
湖　南	30.87	3.12	45.39
广　东	8.48	5.51	47.02
广　西	11.36	5.87	75.84
海　南	18.33	9.71	77.76
重　庆	30.92	19.67	45.44
四　川	19.88	10.03	55.03
贵　州	34.82	28.75	47.02
云　南	12.27	3.90	73.24
陕　西	28.94	13.68	51.17
甘　肃	27.81	8.59	53.91
青　海	19.45	6.06	69.62
宁　夏	1.82	0.32	80.16
新　疆	16.25	10.51	60.13
西　藏	—	—	—

续表

出境旅游收入比率（%）	自联入境旅游收入毛利率（%）	国内旅游收入毛利率（%）	出境旅游收入毛利率（%）
25. 16	6. 39	16. 50	23. 29
19. 42	9. 54	4. 89	8. 46
23. 75	8. 79	5. 77	7. 87
44. 50	9. 42	5. 91	4. 80
12. 80	3. 53	5. 55	3. 73
3. 91	7. 62	5. 24	4. 45
23. 64	5. 45	3. 97	5. 93
25. 09	3. 19	2. 87	2. 12
18. 17	1. 84	2. 92	2. 46
14. 50	4. 35	3. 70	4. 33
19. 89	8. 72	3. 13	4. 72
18. 27	4. 10	4. 93	4. 76
10. 93	8. 41	7. 41	6. 50
18. 02	0. 00	4. 44	1. 86
23. 62	70. 86	5. 79	5. 85
—	—	—	—

2009年度全国旅游行业经济效益

地区	入境旅游收入比率（%）	自联入境旅游收入比率（%）	国内旅游收入比率（%）
全国	5.00	0.95	94.29
北京	10.32	8.23	89.44
天津	1.68	0.45	98.32
河北	2.40	0.15	97.17
山西	2.79	1.06	96.97
内蒙古	2.03	0.06	97.97
辽宁	3.63	0.07	96.29
吉林	4.60	0.80	94.79
黑龙江	4.05	2.87	94.73
上海	3.35	0.84	96.34
江苏	3.22	0.64	92.17
浙江	5.80	0.02	94.20
安徽	8.78	1.64	91.20
福建	3.46	0.16	96.51
江西	2.59	0.14	97.40
山东	1.81	0.37	98.07

评价补充财务指标表（经营非出境游旅行社）

出境旅游收入比率（%）	自联入境旅游收入毛利率（%）	国内旅游收入毛利率（%）	出境旅游收入毛利率（%）
—	5.08	10.88	—
—	15.85	14.70	—
—	0.00	6.17	—
—	0.00	6.01	—
—	0.94	6.61	—
—	12.90	7.82	—
—	12.72	5.36	—
—	6.08	6.75	—
—	12.05	8.22	—
—	1.70	18.66	—
—	7.23	16.80	—
—	1.22	16.87	—
—	0.97	4.94	—
—	5.00	6.28	—
—	0.00	29.20	—
—	4.32	33.26	—

地　区	入境旅游 收入比率 （%）	自联入境旅游 收入比率 （%）	国内旅游 收入比率 （%）
河　南	2. 34	0. 03	97. 30
湖　北	8. 39	0. 28	91. 61
湖　南	8. 92	0. 63	89. 39
广　东	6. 00	1. 44	93. 89
广　西	4. 69	0. 07	91. 79
海　南	0. 38	0. 00	99. 62
重　庆	3. 20	1. 74	96. 80
四　川	4. 60	0. 20	95. 40
贵　州	12. 33	1. 86	87. 65
云　南	10. 22	0. 70	89. 65
陕　西	4. 51	1. 24	95. 49
甘　肃	6. 49	0. 68	93. 50
青　海	6. 29	0. 58	93. 71
宁　夏	9. 51	2. 39	90. 49
新　疆	23. 23	4. 85	76. 77
西　藏	—	—	—

续表

出境旅游收入比率（%）	自联入境旅游收入毛利率（%）	国内旅游收入毛利率（%）	出境旅游收入毛利率（%）
—	11.26	17.71	—
—	12.39	6.94	—
—	9.46	4.45	—
—	2.50	16.22	—
—	10.84	5.39	—
—	0.00	2.79	—
—	5.90	14.19	—
—	6.07	6.25	—
—	7.40	7.24	—
—	1.72	5.52	—
—	4.27	3.86	—
—	3.05	6.02	—
—	0.00	5.25	—
—	0.00	6.32	—
—	1.73	4.56	—
—	—	—	—

2009年度全国旅游行业经济效益

地 区	平均客房出租率（%）	平均房价（元）	房费收入比率（%）	餐饮收入比率（%）
全 国	52.93	287.37	40.85	42.54
北 京	53.49	501.56	46.03	33.68
天 津	43.44	356.10	44.52	42.64
河 北	52.23	272.62	39.82	48.56
山 西	67.44	192.92	37.49	49.95
内蒙古	53.85	197.34	40.66	49.82
辽 宁	54.06	315.05	45.21	43.53
吉 林	53.02	223.99	43.23	45.98
黑龙江	50.18	279.49	54.48	36.10
上 海	52.32	441.61	47.05	37.03
江 苏	53.27	291.59	35.53	52.29
浙 江	57.38	293.35	31.06	42.76
安 徽	46.45	298.44	49.08	41.66
福 建	55.44	278.99	44.39	45.98
江 西	59.10	194.64	53.01	38.51
山 东	54.49	320.67	43.08	46.06

评价补充财务指标表(全部旅游饭店)

商品收入比率(%)	娱乐收入比率(%)	餐饮毛利率(%)	商品毛利率(%)	娱乐毛利率(%)
6.32	1.73	47.06	19.03	67.20
3.16	1.22	58.09	32.20	72.20
2.95	0.75	48.93	14.62	79.68
2.43	1.83	41.80	30.14	77.20
2.39	1.44	49.46	7.16	67.57
4.07	1.46	50.82	11.94	64.63
1.92	0.79	44.71	-12.24	60.74
0.79	0.60	35.27	17.16	75.34
3.31	0.91	36.52	51.03	59.39
1.48	0.87	54.16	23.45	72.40
3.80	1.19	46.41	1.59	78.53
18.28	1.82	44.84	20.50	70.67
2.57	0.66	47.80	21.98	33.46
0.69	2.58	45.89	-9.73	54.66
3.10	0.54	34.41	2.00	80.51
3.52	0.81	44.87	20.61	78.80

地　区	平均客房出租率（%）	平均房价（元）	房费收入比率（%）	餐饮收入比率（%）
河　南	55.06	185.89	42.31	49.83
湖　北	55.18	201.84	45.79	42.89
湖　南	49.33	212.60	36.94	50.59
广　东	51.14	366.26	39.25	43.58
广　西	60.13	180.34	47.45	42.91
海　南	57.36	335.57	61.44	29.56
重　庆	55.33	221.62	39.54	45.51
四　川	59.61	248.12	46.85	37.18
贵　州	61.67	189.05	52.99	33.89
云　南	28.21	195.55	51.89	29.61
陕　西	60.94	209.18	44.66	45.65
甘　肃	43.96	184.48	46.58	39.84
青　海	36.61	227.79	52.67	39.11
宁　夏	55.44	207.14	41.12	50.11
新　疆	35.79	256.72	40.73	47.45
西　藏	8.98	339.68	47.96	28.62

续表

商品收入比率（%）	娱乐收入比率（%）	餐　饮毛利率（%）	商　品毛利率（%）	娱　乐毛利率（%）
1. 93	0. 87	38. 67	28. 21	69. 02
2. 19	1. 22	45. 49	20. 74	67. 53
2. 63	4. 39	56. 59	-31. 88	65. 64
1. 53	3. 21	51. 94	21. 60	64. 29
1. 22	1. 29	40. 62	30. 29	50. 71
0. 66	1. 64	50. 81	53. 73	57. 79
2. 64	1. 25	47. 63	32. 72	66. 89
3. 10	3. 58	47. 11	23. 58	70. 18
3. 97	6. 41	38. 71	29. 07	66. 23
1. 86	2. 54	38. 81	-10. 38	68. 69
3. 22	0. 83	28. 62	22. 98	58. 45
2. 38	1. 00	37. 16	-20. 71	33. 06
1. 01	1. 01	42. 71	-53. 50	89. 20
4. 69	1. 47	41. 52	20. 83	80. 83
1. 50	3. 01	43. 24	19. 24	60. 22
0. 92	—	55. 83	-43. 36	—

2009年度全国旅游行业经济效益

地区	平均客房出租率（%）	平均房价（元）	房费收入比率（%）	餐饮收入比率（%）
全国	51.34	596.88	42.59	42.49
北京	52.54	797.91	44.95	35.29
天津	38.56	638.61	48.25	44.12
河北	37.49	545.66	45.68	43.07
山西	56.98	424.70	38.37	52.06
内蒙古	54.91	364.20	39.93	54.05
辽宁	56.40	514.64	42.32	42.02
吉林	26.95	412.89	41.26	57.14
黑龙江	67.92	629.64	55.11	37.09
上海	53.36	822.07	45.39	38.37
江苏	51.97	497.04	38.72	47.32
浙江	53.15	537.48	35.27	52.30
安徽	50.66	428.69	47.14	36.33
福建	47.86	488.19	42.30	49.52
江西	47.56	466.50	47.25	41.09
山东	53.28	669.81	47.28	44.23

评价补充财务指标表(五星级饭店)

商品收入比率(%)	娱乐收入比率(%)	餐饮毛利率(%)	商品毛利率(%)	娱乐毛利率(%)
2. 56	1. 60	57. 66	19. 30	72. 26
4. 70	1. 05	63. 81	38. 82	76. 23
0. 34	0. 86	60. 13	41. 43	98. 07
0. 37	0. 80	67. 60	69. 38	100. 00
—	3. 84	52. 62	—	56. 99
—	0. 21	64. 25	—	100. 00
3. 59	1. 60	51. 32	—	58. 89
0. 49	—	51. 33	-17. 74	—
2. 76	0. 01	64. 87	71. 48	25. 27
1. 22	0. 55	56. 68	24. 71	76. 94
7. 17	0. 69	58. 18	6. 47	73. 27
1. 34	2. 63	56. 67	17. 53	65. 02
0. 29	0. 58	64. 38	38. 63	75. 19
0. 33	2. 57	54. 39	21. 86	79. 03
4. 30	0. 27	52. 24	35. 60	85. 29
1. 98	0. 68	51. 45	33. 08	89. 65

地　区	平均客房出租率（%）	平均房价（元）	房费收入比率（%）	餐饮收入比率（%）
河　南	44. 39	429. 41	39. 72	51. 48
湖　北	51. 44	513. 97	48. 99	42. 26
湖　南	54. 13	516. 94	34. 24	51. 10
广　东	52. 29	623. 70	39. 74	43. 34
广　西	54. 48	474. 41	44. 00	43. 06
海　南	51. 29	643. 28	61. 18	31. 16
重　庆	57. 05	447. 45	36. 78	47. 61
四　川	51. 39	606. 45	48. 27	38. 18
贵　州	57. 79	305. 65	46. 37	46. 66
云　南	35. 95	519. 58	45. 68	24. 36
陕　西	56. 03	432. 26	53. 92	40. 90
甘　肃	46. 30	331. 52	44. 37	39. 21
青　海	39. 99	897. 01	61. 28	30. 57
宁　夏	—	—	—	—
新　疆	40. 07	372. 40	23. 61	54. 65
西　藏	—	—	—	—

续表

商品收入比率（%）	娱乐收入比率（%）	餐饮毛利率（%）	商品毛利率（%）	娱乐毛利率（%）
0. 45	2. 79	56. 93	34. 28	55. 54
0. 11	0. 34	54. 12	69. 21	87. 56
1. 80	6. 18	60. 83	1. 50	73. 91
1. 45	2. 54	54. 36	59. 47	76. 25
0. 39	0. 27	56. 58	41. 52	28. 36
0. 18	0. 47	55. 29	52. 63	55. 09
1. 39	0. 05	60. 17	41. 66	70. 00
0. 21	5. 75	63. 91	71. 49	70. 89
1. 11	4. 44	62. 64	66. 68	83. 41
0. 59	0. 31	59. 87	26. 92	31. 55
0. 99	0. 00	56. 87	74. 71	—
1. 24	—	41. 75	100. 00	—
1. 01	6. 32	58. 90	24. 15	87. 97
—	—	—	—	—
2. 33	4. 94	36. 87	45. 07	48. 49
—	—	—	—	—

2009 年度全国旅游行业经济效益

地　区	平均客房出租率（%）	平均房价（元）	房费收入比率（%）	餐饮收入比率（%）
全　国	54.98	327.12	39.00	41.37
北　京	52.55	464.56	46.44	32.10
天　津	39.76	391.82	44.55	38.04
河　北	55.11	275.91	37.58	47.82
山　西	66.21	230.09	35.34	51.31
内蒙古	57.89	333.56	44.19	47.83
辽　宁	50.55	341.31	43.56	47.69
吉　林	56.14	247.61	38.42	51.51
黑龙江	49.97	296.43	52.95	37.07
上　海	50.63	478.98	44.23	36.82
江　苏	52.34	307.00	34.56	54.61
浙　江	59.79	354.25	24.08	36.35
安　徽	41.27	398.69	49.18	40.76
福　建	57.08	300.40	44.14	46.52
江　西	58.44	255.95	55.56	35.13
山　东	57.25	319.39	37.97	47.53

评价补充财务指标表(四星级饭店)

商品收入比率(%)	娱乐收入比率(%)	餐饮毛利率(%)	商品毛利率(%)	娱乐毛利率(%)
8. 70	1. 96	47. 98	21. 13	71. 21
1. 70	1. 40	57. 39	38. 71	72. 54
6. 23	0. 26	44. 79	13. 12	64. 56
2. 23	3. 15	40. 42	42. 03	76. 55
1. 59	1. 39	53. 02	-0. 96	71. 98
—	4. 99	52. 42	—	73. 08
0. 65	0. 30	49. 15	11. 96	59. 74
0. 90	1. 14	47. 36	30. 55	76. 61
5. 74	1. 93	21. 58	51. 20	62. 49
1. 47	1. 31	55. 57	20. 12	75. 35
1. 98	1. 79	44. 55	20. 27	79. 28
33. 26	1. 53	45. 00	20. 88	81. 12
4. 97	1. 30	46. 65	44. 63	68. 82
0. 58	4. 25	43. 68	7. 03	55. 82
1. 99	1. 10	34. 69	-53. 59	80. 17
3. 60	1. 71	45. 63	-0. 89	84. 00

地　区	平均客房出租率（%）	平均房价（元）	房费收入比率（%）	餐饮收入比率（%）
河　南	50.73	250.83	40.22	56.24
湖　北	52.52	284.10	48.79	38.70
湖　南	64.30	265.41	39.91	47.87
广　东	52.82	325.13	37.63	41.26
广　西	60.33	232.52	43.47	47.73
海　南	69.93	228.55	61.39	28.00
重　庆	63.67	249.58	41.87	46.73
四　川	58.18	315.02	49.23	36.39
贵　州	62.76	266.98	52.85	41.98
云　南	56.95	272.11	52.92	33.50
陕　西	63.29	288.40	44.24	43.77
甘　肃	36.40	324.86	45.58	33.13
青　海	29.58	474.24	41.09	45.31
宁　夏	52.24	254.71	41.24	45.80
新　疆	35.48	570.86	49.48	41.81
西　藏	14.26	833.89	36.67	35.69

续表

商品收入比率（%）	娱乐收入比率（%）	餐饮毛利率（%）	商品毛利率（%）	娱乐毛利率（%）
0.28	0.57	43.01	21.05	76.58
2.03	2.61	40.91	28.40	68.52
1.42	5.61	57.48	37.57	75.27
2.83	4.93	53.68	-6.75	57.13
1.57	1.23	42.33	38.38	56.73
1.18	0.93	46.24	78.74	47.49
3.91	1.11	47.54	49.48	80.17
2.05	2.26	47.92	42.79	81.03
2.79	0.68	55.05	23.69	68.80
2.14	1.28	43.39	-16.08	70.37
3.37	1.22	55.36	47.39	45.53
2.46	0.37	40.40	24.73	17.05
2.14	—	40.24	12.11	—
5.60	4.60	59.82	-7.65	85.31
1.82	1.78	73.64	97.98	86.03
0.44	—	59.14	100.00	—

2009 年度全国旅游行业经济效益

地　区	平均客房出租率（%）	平均房价（元）	房费收入比率（%）	餐饮收入比率（%）
全　国	52.95	195.09	41.77	45.05
北　京	56.19	302.34	47.36	34.50
天　津	49.10	252.00	40.46	46.76
河　北	54.68	201.69	37.11	55.28
山　西	69.30	181.41	37.36	49.52
内蒙古	56.45	178.80	40.51	42.19
辽　宁	55.63	225.52	48.82	42.24
吉　林	54.53	218.88	48.94	35.60
黑龙江	44.32	219.83	56.45	34.60
上　海	50.56	321.60	42.62	37.44
江　苏	55.49	191.05	33.16	54.91
浙　江	56.53	234.57	36.14	50.29
安　徽	48.73	189.67	43.36	47.36
福　建	60.08	184.41	40.48	45.58
江　西	59.66	137.71	53.58	40.41
山　东	56.03	182.78	38.15	51.69

评价补充财务指标表（三星级饭店）

商品收入比率（%）	娱乐收入比率（%）	餐饮毛利率（%）	商品毛利率（%）	娱乐毛利率（%）
3.01	1.78	37.76	10.76	60.61
2.07	1.39	46.39	7.08	64.53
1.89	1.13	41.40	28.05	75.03
2.20	1.52	40.04	40.58	79.71
3.03	0.81	51.28	-28.52	72.18
11.39	0.88	40.95	15.59	49.82
1.12	0.26	34.14	13.67	56.55
0.87	0.01	11.35	9.65	51.44
1.57	1.08	26.90	32.80	54.22
2.40	0.87	47.08	33.56	52.00
3.09	0.89	39.25	9.09	81.30
4.66	1.86	40.14	19.16	59.59
2.57	0.31	37.70	1.92	92.28
1.21	3.01	36.73	-14.70	35.22
3.14	0.35	21.20	3.33	84.98
4.61	0.53	36.57	26.99	61.20

地　区	平均客房出租率（%）	平均房价（元）	房费收入比率（%）	餐饮收入比率（%）
河　南	58.82	173.93	44.34	48.02
湖　北	58.11	155.98	45.10	40.37
湖　南	67.06	157.56	45.84	42.71
广　东	52.33	233.04	37.40	47.08
广　西	63.12	132.54	50.43	41.45
海　南	53.13	109.05	54.53	38.03
重　庆	55.30	161.87	40.97	38.78
四　川	61.66	181.78	44.03	40.03
贵　州	60.36	165.39	54.27	32.62
云　南	18.56	168.91	56.03	31.09
陕　西	62.05	152.96	44.90	45.83
甘　肃	47.89	171.10	48.64	41.59
青　海	29.39	198.26	63.66	30.16
宁　夏	55.34	200.20	40.38	52.40
新　疆	39.96	177.94	39.77	49.89
西　藏	7.62	219.56	66.44	13.21

续表

商品收入比率（%）	娱乐收入比率（%）	餐饮毛利率（%）	商品毛利率（%）	娱乐毛利率（%）
1. 55	1. 10	33. 89	-19. 63	80. 58
3. 08	1. 47	41. 59	30. 16	64. 41
4. 11	3. 11	39. 92	-46. 11	58. 27
1. 89	3. 46	46. 35	46. 15	61. 97
1. 27	2. 05	27. 27	31. 57	49. 59
0. 55	0. 80	40. 15	-23. 37	52. 41
3. 04	2. 00	36. 09	44. 65	54. 32
2. 93	3. 09	38. 49	2. 54	68. 83
1. 71	6. 43	32. 58	-65. 26	65. 02
2. 13	3. 73	25. 25	-20. 17	67. 82
3. 92	1. 05	20. 93	25. 01	59. 69
2. 86	1. 38	36. 02	-46. 10	24. 45
0. 84	0. 50	30. 28	-32. 75	84. 51
4. 27	0. 24	27. 99	30. 57	40. 33
0. 71	4. 11	30. 98	-27. 21	60. 57
1. 57	—	37. 44	-14. 89	—

2009年度全国旅游行业经济效益

地　区	平均客房出租率（%）	平均房价（元）	房费收入比率（%）	餐饮收入比率（%）
全　国	50.27	130.04	46.36	40.88
北　京	54.12	203.47	65.58	17.32
天　津	52.89	162.01	58.48	30.62
河　北	50.15	254.13	54.04	40.11
山　西	71.67	108.77	43.89	46.55
内蒙古	52.79	96.27	35.56	61.06
辽　宁	57.43	136.14	50.63	42.40
吉　林	52.55	145.50	49.27	43.15
黑龙江	53.51	121.42	49.96	37.09
上　海	54.52	185.16	42.17	36.62
江　苏	51.96	131.15	40.18	45.64
浙　江	59.05	168.04	43.38	41.07
安　徽	53.26	104.62	47.37	45.32
福　建	53.37	120.22	40.41	49.47
江　西	62.52	96.39	64.95	30.59
山　东	48.91	84.39	38.11	49.95

评价补充财务指标表(二星级饭店)

商品收入比率(%)	娱乐收入比率(%)	餐 饮毛利率(%)	商 品毛利率(%)	娱 乐毛利率(%)
3.74	1.49	32.09	-1.73	55.58
1.54	0.13	31.88	-14.14	62.08
3.35	2.13	1.42	-44.15	54.86
1.57	0.40	24.65	-34.51	8.70
4.40	0.49	45.18	36.74	90.65
1.83	0.74	48.84	35.32	9.40
0.33	0.05	12.03	—	89.37
0.10	—	-2.97	—	—
2.18	—	17.97	-12.75	—
3.37	0.75	34.41	-3.36	84.71
4.09	0.96	26.18	15.06	77.30
6.01	2.37	31.12	11.70	63.94
0.34	—	36.51	-4.66	—
2.54	1.11	43.22	-9.16	23.40
0.99	—	-6.98	-14.58	—
7.90	0.01	23.00	31.48	61.55

地　区	平均客房出租率（%）	平均房价（元）	房费收入比率（%）	餐饮收入比率（%）
河　南	56.05	136.05	39.56	49.37
湖　北	55.72	124.36	41.41	44.38
湖　南	32.34	114.71	45.23	40.27
广　东	41.79	220.23	59.25	25.73
广　西	66.76	90.72	56.47	32.93
海　南	40.26	98.57	52.37	45.37
重　庆	50.71	110.67	46.18	38.11
四　川	63.97	116.30	43.27	42.90
贵　州	66.71	106.36	55.57	28.32
云　南	40.65	104.54	53.53	33.82
陕　西	57.02	120.90	41.56	48.99
甘　肃	43.51	106.76	44.00	50.06
青　海	33.76	126.85	91.00	2.31
宁　夏	64.84	127.68	46.25	48.69
新　疆	42.78	128.96	69.31	24.24
西　藏	—	—	—	—

续表

商品收入比率（%）	娱乐收入比率（%）	餐饮毛利率（%）	商品毛利率（%）	娱乐毛利率（%）
4.12	0.03	31.82	43.53	—
5.76	0.31	32.25	-21.09	65.00
5.36	1.27	25.26	-12.53	40.10
0.32	1.37	43.45	—	18.72
2.24	0.32	30.96	-12.39	4.03
0.11	0.98	43.12	—	52.35
3.23	4.98	32.85	—	81.28
3.58	1.73	38.46	22.76	57.17
1.43	12.83	26.85	-45.92	53.01
2.20	3.97	35.52	-48.92	58.22
5.33	0.37	30.10	3.81	30.50
1.38	0.96	32.28	-73.42	49.34
—	—	—	20.00	—
4.14	—	36.75	-54.42	—
1.28	0.11	18.39	45.23	100.00
—	—	—	—	—

2009 年度全国旅游行业经济效益

地　区	平均客房出租率（%）	平均房价（元）	房费收入比率（%）	餐饮收入比率（%）
全　国	50.22	107.06	52.62	36.61
北　京	53.51	305.68	90.99	9.01
天　津	47.67	104.49	41.32	58.62
河　北	—	—	—	—
山　西	—	—	—	—
内蒙古	55.79	45.59	46.67	51.47
辽　宁	54.40	200.58	60.62	30.66
吉　林	52.39	106.15	98.55	—
黑龙江	55.97	158.92	49.63	16.71
上　海	47.37	118.18	48.27	13.31
江　苏	—	—	—	—
浙　江	45.81	121.30	27.86	53.87
安　徽	60.20	74.99	91.36	—
福　建	69.33	71.20	22.41	53.56
江　西	—	—	—	—
山　东	—	—	—	—

评价补充财务指标表(一星级饭店)

商品收入比率(%)	娱乐收入比率(%)	餐饮毛利率(%)	商品毛利率(%)	娱乐毛利率(%)
2.61	1.90	31.48	20.24	57.19
—	—	-11.56	—	—
—	—	54.49	—	—
—	—	—	—	—
—	—	—	—	—
—	—	19.52	—	—
—	—	45.59	—	—
1.45	—	—	54.24	—
—	—	9.64	—	—
4.30	4.15	63.34	12.42	—
—	—	—	—	—
7.74	10.48	30.09	34.77	52.93
8.64	—	—	37.87	—
24.03	—	44.12	31.68	—
—	—	—	—	—
—	—	—	—	—

地　区	平均客房出租率（%）	平均房价（元）	房费收入比率（%）	餐饮收入比率（%）
河　南	33.94	76.23	22.81	77.19
湖　北	41.16	113.06	71.28	24.66
湖　南	84.70	104.99	64.00	36.00
广　东	65.50	83.96	83.28	11.73
广　西	—	—	—	—
海　南	—	—	—	—
重　庆	58.83	97.71	43.44	40.62
四　川	66.06	90.86	91.38	7.87
贵　州	69.43	121.27	70.73	27.38
云　南	64.50	60.99	41.19	53.30
陕　西	—	—	—	—
甘　肃	14.88	118.96	65.28	34.72
青　海	24.93	119.29	53.68	12.13
宁　夏	—	—	—	—
新　疆	19.93	89.05	50.05	38.08
西　藏	—	—	—	—

续表

商品收入比率（%）	娱乐收入比率（%）	餐饮毛利率（%）	商品毛利率（%）	娱乐毛利率（%）
—	—	70.92	—	—
—	—	22.89	—	—
—	—	16.20	—	—
—	—	9.81	—	—
—	—	—	—	—
—	—	—	—	—
11.76	—	10.36	22.26	—
0.23	—	46.16	—	—
—	—	15.29	—	—
0.19	0.19	23.43	—	50.00
—	—	—	—	—
—	—	-8.33	—	—
—	—	—	—	—
—	—	—	—	—
8.76	—	22.43	—	—
—	—	—	—	—

2009年度全国旅游行业经济效益

地　区	平均客房出租率（%）	平均房价（元）	房费收入比率（%）	餐饮收入比率（%）
全　国	52.12	315.17	46.57	43.85
北　京	—	—	—	—
天　津	25.85	381.47	21.17	59.93
河　北	56.10	286.23	33.95	52.01
山　西	—	—	—	—
内蒙古	—	—	—	—
辽　宁	71.05	377.75	40.36	49.11
吉　林	54.12	259.77	86.66	8.33
黑龙江	—	—	—	—
上　海	53.02	350.29	56.99	34.63
江　苏	38.77	285.03	35.26	55.24
浙　江	54.11	294.45	43.12	48.87
安　徽	91.78	129.76	40.97	57.56
福　建	45.78	378.70	48.01	47.00
江　西	67.62	224.83	74.45	22.01
山　东	43.88	309.43	43.12	46.62

评价补充财务指标表（未评星级饭店）

商品收入比率（%）	娱乐收入比率（%）	餐　饮毛利率（%）	商　品毛利率（%）	娱　乐毛利率（%）
1.31	1.46	54.71	18.02	52.42
—	—	—	—	—
—	—	94.53	—	—
5.18	0.41	36.81	33.28	17.55
—	—	—	—	—
—	—	—	—	—
0.45	0.01	59.97	15.31	100.00
—	—	16.50	—	—
—	—	—	—	—
0.55	1.00	57.62	26.08	77.87
0.90	1.07	47.81	28.93	80.37
0.93	0.67	44.69	24.86	79.54
1.47	—	27.68	47.63	—
0.34	0.71	47.70	—	-0.62
3.36	—	54.09	41.53	—
1.56	1.22	32.64	16.90	-39.74

地　区	平均客房出租率（%）	平均房价（元）	房费收入比率（%）	餐饮收入比率（%）
河　南	45. 84	236. 21	39. 49	32. 82
湖　北	63. 56	153. 51	45. 42	46. 39
湖　南	63. 02	293. 49	18. 88	72. 97
广　东	45. 24	392. 38	39. 99	44. 89
广　西	35. 28	210. 61	47. 97	48. 90
海　南	62. 13	433. 33	66. 34	26. 28
重　庆	50. 34	229. 34	43. 53	53. 63
四　川	51. 94	168. 65	41. 19	45. 28
贵　州	64. 62	203. 15	58. 85	24. 93
云　南	39. 88	144. 69	45. 36	43. 19
陕　西	65. 58	99. 69	46. 77	53. 13
甘　肃	—	—	38. 15	61. 71
青　海	—	—	—	—
宁　夏	—	—	—	—
新　疆	67. 93	175. 08	29. 64	70. 36
西　藏	—	—	—	—

续表

商品收入比率（%）	娱乐收入比率（%）	餐　饮毛利率（%）	商　品毛利率（%）	娱　乐毛利率（%）
5.24	1.26	46.26	59.89	79.52
3.60	0.22	40.72	41.29	69.35
0.62	5.52	78.84	—	49.44
0.11	2.79	55.26	—	59.34
0.59	2.45	52.32	—	68.01
0.36	0.31	61.56	53.48	—
1.08	0.49	35.88	—	72.74
0.52	0.97	42.66	—	—
15.17	0.12	30.40	76.92	53.41
5.94	2.00	6.94	11.24	54.47
0.08	—	36.32	50.50	—
—	—	48.77	—	—
—	—	—	—	—
—	—	—	—	—
—	—	47.09	—	—
—	—	—	—	—

2009年度全国旅游行业经济效益

地　区	景区门票收入比率（%）	景区餐饮收入比率（%）	景区商品收入比率（%）	景区娱乐收入比率（%）
全　国	62.51	9.47	5.51	2.65
北　京	70.39	2.80	2.64	12.73
天　津	85.75	1.69	5.42	5.81
河　北	47.75	29.23	12.80	0.78
山　西	72.34	3.83	0.44	—
内蒙古	48.83	28.76	2.61	12.45
辽　宁	93.11	11.34	2.51	0.89
吉　林	71.17	9.75	3.65	1.83
黑龙江	67.34	12.86	3.21	1.66
上　海	82.85	3.71	5.24	0.67
江　苏	70.26	7.36	4.67	0.71
浙　江	63.45	7.18	4.75	2.80
安　徽	93.14	2.80	1.71	1.05
福　建	60.51	3.63	3.22	0.56
江　西	76.99	6.78	0.68	8.23
山　东	82.75	3.47	8.50	0.11

评价补充财务指标表（全部旅游景区）

其他旅游收入比率（%）	景区餐饮收入毛利率（%）	景区商品收入毛利率（%）	景区娱乐收入毛利率（%）	平均门票价格（元）
19.93	49.02	37.38	15.30	25.43
11.44	46.46	60.92	54.91	33.91
1.32	92.18	33.71	32.56	14.44
9.44	48.88	37.96	—	17.53
23.39	67.35	67.52	—	20.03
7.35	48.31	33.48	60.97	15.38
11.82	72.79	81.29	28.26	10.27
13.60	38.97	19.36	64.23	11.25
14.93	39.72	27.06	72.03	13.67
7.53	41.71	59.46	49.10	23.92
17.00	30.11	47.48	40.63	15.71
21.83	23.16	26.98	—	45.34
1.30	—	42.21	79.55	28.63
32.07	56.53	63.36	44.44	36.16
7.33	29.03	—	57.74	24.85
5.17	22.44	43.75	—	27.25

地　区	景区门票收入比率（%）	景区餐饮收入比率（%）	景区商品收入比率（%）	景区娱乐收入比率（%）
河　南	68.27	7.70	4.22	2.68
湖　北	83.33	5.67	2.62	0.73
湖　南	58.38	6.76	29.86	1.57
广　东	42.70	12.61	5.17	2.92
广　西	83.99	3.74	0.87	1.00
海　南	48.68	5.91	13.98	0.02
重　庆	43.06	13.83	4.94	4.86
四　川	49.14	21.87	5.10	2.37
贵　州	80.34	8.31	1.55	1.23
云　南	61.63	6.40	1.61	0.08
陕　西	80.22	3.89	5.08	1.65
甘　肃	30.51	12.53	44.97	1.61
青　海	74.51	—	—	—
宁　夏	57.83	6.19	0.95	8.06
新　疆	—	—	0.03	0.78
西　藏	—	—	—	—

续表

其他旅游收入比率（%）	景区餐饮收入毛利率（%）	景区商品收入毛利率（%）	景区娱乐收入毛利率（%）	平均门票价格（元）
17.75	38.62	26.45	20.68	26.20
7.64	28.81	25.44	42.62	37.14
3.43	45.35	36.02	—	20.69
36.60	56.18	54.02	32.72	26.18
10.40	11.78	51.14	-5.82	38.02
31.40	48.93	19.73	—	52.83
33.32	43.19	10.16	55.59	34.33
21.52	85.13	44.69	61.89	17.66
8.57	48.11	24.67	97.07	13.33
30.28	40.00	51.31	85.01	27.26
9.16	10.68	61.64	58.21	15.76
10.38	55.56	41.89	46.22	21.07
25.49	—	—	—	37.50
26.96	43.64	66.75	58.36	24.82
29.60	59.27	37.36	—	9.80
—	—	—	—	—

2009 年度全国旅游行业经济效益

地 区	景区门票收入比率（%）	景区餐饮收入比率（%）	景区商品收入比率（%）	景区娱乐收入比率（%）
全 国	60.57	11.23	3.96	2.09
北 京	90.34	1.84	0.71	4.65
天 津	98.00	—	—	—
河 北	78.97	0.32	1.89	—
山 西	71.10	1.52	0.38	—
内蒙古	40.20	41.06	4.39	5.08
辽 宁	—	27.72	1.45	3.11
吉 林	67.75	9.65	3.34	2.28
黑龙江	67.96	16.04	4.07	2.12
上 海	60.13	18.90	0.76	4.63
江 苏	60.51	15.05	4.76	1.69
浙 江	60.56	9.47	4.71	0.18
安 徽	78.35	8.21	5.75	4.21
福 建	85.02	5.14	5.53	1.18
江 西	78.50	9.97	2.01	0.35
山 东	88.97	4.92	1.52	0.00

评价补充财务指标表（自然类旅游景区）

其他旅游收入比率（%）	景区餐饮收入毛利率（%）	景区商品收入毛利率（%）	景区娱乐收入毛利率（%）	平均门票价格（元）
22.39	38.52	30.47	32.08	24.79
2.46	39.34	62.99	81.18	26.00
2.00	—	—	—	13.33
18.81	71.30	38.00	—	20.21
27.00	59.77	71.37	—	29.27
9.27	50.67	31.56	59.10	15.37
4.27	60.64	50.00	34.97	12.40
16.98	28.63	13.53	64.02	10.32
9.81	41.45	27.00	72.00	15.00
15.58	45.18	26.90	49.01	26.40
17.98	16.23	37.84	32.60	15.66
25.08	17.21	25.62	1.69	43.03
3.48	48.68	61.50	96.69	20.52
3.13	48.00	89.24	44.44	33.45
9.17	26.75	—	—	21.80
4.59	14.47	—	—	21.52

地　区	景区门票收入比率（%）	景区餐饮收入比率（%）	景区商品收入比率（%）	景区娱乐收入比率（%）
河　南	58.90	11.72	8.74	3.54
湖　北	73.44	10.16	5.30	1.65
湖　南	88.48	4.10	1.48	0.78
广　东	25.32	16.22	5.00	3.31
广　西	76.11	4.79	0.99	1.20
海　南	45.65	6.47	4.51	—
重　庆	37.84	15.92	3.93	4.09
四　川	84.71	4.14	2.65	0.35
贵　州	81.99	9.42	0.51	1.35
云　南	53.10	8.41	2.12	0.11
陕　西	80.28	3.68	0.54	2.74
甘　肃	51.96	22.03	5.01	4.82
青　海	81.30	—	—	—
宁　夏	49.62	3.56	0.88	8.71
新　疆	—	60.40	0.03	0.92
西　藏	—	—	—	—

续表

其他旅游收入比率（%）	景区餐饮收入毛利率（%）	景区商品收入毛利率（%）	景区娱乐收入毛利率（%）	平均门票价格（元）
17.82	32.91	29.98	5.91	24.70
9.44	23.74	24.95	44.37	40.21
5.15	35.61	—	68.54	24.90
50.15	51.47	46.92	12.13	27.68
16.92	15.55	50.62	1.33	41.73
43.37	62.50	70.24	—	38.25
38.23	45.69	—	29.80	34.77
8.16	-8.77	44.88	—	17.84
6.75	49.93	35.58	98.91	12.63
36.26	41.15	50.37	85.01	26.25
12.76	1.56	19.13	22.10	17.92
16.18	39.46	31.56	39.73	5.36
18.70	—	—	—	—
37.24	39.45	75.35	59.23	31.15
32.63	52.50	30.25	—	9.89
—	—	—	—	—

2009 年度全国旅游行业经济效益

地　区	景区门票收入比率（%）	景区餐饮收入比率（%）	景区商品收入比率（%）	景区娱乐收入比率（%）
全　国	76.69	6.91	6.56	2.43
北　京	96.28	1.13	0.01	—
天　津	52.42	—	36.58	—
河　北	16.28	71.06	8.92	2.74
山　西	94.42	—	—	—
内蒙古	64.89	18.47	1.81	8.05
辽　宁	—	—	—	—
吉　林	—	—	—	—
黑龙江	99.87	—	—	—
上　海	86.97	—	—	—
江　苏	81.41	—	2.15	—
浙　江	83.54	1.48	4.38	—
安　徽	96.15	3.55	—	—
福　建	83.95	15.45	—	—
江　西	19.11	7.61	—	55.55
山　东	71.30	0.94	26.31	—

评价补充财务指标表（文物类旅游景区）

其他旅游收入比率（%）	景区餐饮收入毛利率（%）	景区商品收入毛利率（%）	景区娱乐收入毛利率（%）	平均门票价格（元）
7.42	36.21	59.62	62.48	—
2.58	—	—	—	—
11.00	—	19.25	—	—
1.00	46.22	29.29	—	—
5.58	—	—	—	—
6.78	9.47	46.71	23.26	—
—	—	—	—	—
—	—	—	—	—
0.13	—	—	—	—
13.03	—	—	—	—
16.44	—	42.11	—	—
10.59	—	93.84	—	—
0.30	45.00	—	—	—
0.60	—	—	—	—
17.73	29.23	—	69.57	—
1.45	25.43	59.22	—	—

地　区	景区门票收入比率（%）	景区餐饮收入比率（%）	景区商品收入比率（%）	景区娱乐收入比率（%）
河　南	87.78	—	0.03	—
湖　北	75.03	—	2.08	—
湖　南	90.59	6.33	1.15	0.52
广　东	51.48	2.24	42.22	—
广　西	93.06	—	6.94	—
海　南	—	—	—	—
重　庆	—	—	—	—
四　川	96.51	2.61	0.88	—
贵　州	86.10	0.38	—	—
云　南	57.85	19.72	1.17	—
陕　西	86.18	3.86	0.39	—
甘　肃	60.93	26.68	0.32	2.67
青　海	100.00	—	—	—
宁　夏	100.00	—	—	—
新　疆	100.00	—	—	—
西　藏	—	—	—	—

续表

其他旅游收入比率（%）	景区餐饮收入毛利率（%）	景区商品收入毛利率（%）	景区娱乐收入毛利率（%）	平均门票价格（元）
12.20	—	—	—	—
22.89	—	—	—	—
1.41	8.95	51.75	33.02	—
4.06	63.07	81.06	—	—
—	—	—	—	—
—	—	—	—	—
—	—	—	—	—
—	45.41	33.30	—	—
13.52	—	—	—	—
21.26	—	—	—	—
9.58	—	44.33	—	—
9.40	—	—	—	—
—	—	—	—	—
—	—	—	—	—
—	—	—	—	—
—	—	—	—	—

2009 年度全国旅游行业经济效益

地　区	景区门票收入比率（%）	景区餐饮收入比率（%）	景区商品收入比率（%）	景区娱乐收入比率（%）
全　国	64.28	10.01	5.89	3.34
北　京	48.18	3.90	4.92	22.61
天　津	81.25	2.41	6.99	8.30
河　北	30.00	31.00	33.00	—
山　西	—	—	—	—
内蒙古	85.87	14.13	—	—
辽　宁	85.01	—	—	—
吉　林	81.54	10.41	4.61	0.70
黑龙江	64.82	0.74	0.06	—
上　海	89.18	1.62	6.08	0.11
江　苏	73.60	5.21	4.49	0.38
浙　江	66.93	1.66	1.51	7.54
安　徽	98.01	—	—	—
福　建	12.01	—	0.56	—
江　西	100.00	—	—	—
山　东	83.83	3.10	7.04	—

评价补充财务指标表（主题类旅游景区）

其他旅游收入比率（%）	景区餐饮收入毛利率（%）	景区商品收入毛利率（%）	景区娱乐收入毛利率（%）	平均门票价格（元）
16.48	78.21	51.41	—	25.89
20.38	54.47	60.66	49.86	36.22
1.04	92.18	33.59	94.96	18.33
6.00	54.62	40.32	—	12.00
—	—	—	—	—
—	—	—	—	—
14.99	—	—	—	—
2.75	64.56	30.65	66.06	—
34.38	21.32	25.00	—	12.88
3.00	35.66	60.08	49.69	36.32
16.33	53.67	50.86	60.92	26.06
22.36	37.67	3.01	—	48.04
1.99	—	—	—	30.83
87.43	—	59.96	—	22.40
—	—	—	—	15.00
6.03	47.99	58.52	—	40.62

地　区	景区门票收入比率（%）	景区餐饮收入比率（%）	景区商品收入比率（%）	景区娱乐收入比率（%）
河　南	94.84	2.71	0.14	0.16
湖　北	88.01	0.59	0.78	0.15
湖　南	74.83	3.93	13.54	4.71
广　东	75.69	11.19	5.61	0.46
广　西	72.31	16.60	4.13	5.56
海　南	51.10	0.87	46.79	0.07
重　庆	60.63	13.30	12.14	6.96
四　川	37.26	44.97	6.99	2.82
贵　州	68.68	3.80	7.90	—
云　南	78.66	2.31	1.62	—
陕　西	100.00	—	—	—
甘　肃	5.04	8.49	84.64	—
青　海	85.10	—	—	—
宁　夏	63.48	17.61	2.05	13.25
新　疆	0.79	98.84	—	—
西　藏	—	—	—	—

续表

其他旅游收入比率(%)	景区餐饮收入毛利率(%)	景区商品收入毛利率(%)	景区娱乐收入毛利率(%)	平均门票价格(元)
2. 15	37. 23	43. 93	62. 63	20. 25
10. 47	69. 51	14. 40	15. 54	45. 50
2. 98	51. 63	69. 66	—	15. 25
7. 06	63. 42	60. 56	76. 55	29. 56
1. 40	20. 73	43. 34	—	14. 17
1. 18	4. 02	2. 07	100. 00	53. 50
6. 97	91. 83	48. 15	100. 00	33. 48
7. 96	96. 70	75. 02	53. 37	16. 78
19. 62	30. 00	20. 00		26. 33
17. 40	5. 19	75. 84	—	25. 45
—	—	—	—	—
1. 83	45. 05	42. 22	—	15. 00
14. 90	—	—	—	50. 00
3. 60	48. 10	50. 55	54. 00	38. 25
0. 37	100. 00	—	—	—
—	—	—	—	—

责任编辑：许晓海　王　军
责任印制：冯冬青

图书在版编目（CIP）数据

中国旅游财务信息年鉴. 2010/中华人民共和国国家旅游局编. --北京：中国旅游出版社，2010. 12
ISBN 978-7-5032-3754-6

Ⅰ. ①中…　Ⅱ. ①中…　Ⅲ. ①旅游业-财务管理-中国-2010-年鉴　Ⅳ. ①F592. 6-54

中国版本图书馆 CIP 数据核字（2010）第 238045 号

书　　名：2010 中国旅游财务信息年鉴

编　　者：中华人民共和国国家旅游局
出版发行：中国旅游出版社
（北京建国门内大街甲 9 号　邮编：100005）
http：//www. cttp. net. cn　E-mail：cttp@ cnta. gov. cn
发行部电话：010-85166507　85166517
排　　版：北京中文天地文化艺术有限公司
印　　刷：北京建筑工业印刷厂印刷
版　　次：2010 年 12 月第 1 版　2010 年 12 月第 1 次印刷
开　　本：787 毫米×1092 毫米　1/16
印　　张：13
印　　数：6000 册
字　　数：250 千
定　　价：60. 00 元
I S B N　978-7-5032-3754-6